ロシア正教の千年

廣岡正久

講談社学術文庫

学術文庫版のまえがき

本書は、三〇年近く前の一九九三年、「聖と俗のはざまで」という副題を付して、ＮＨＫブックスから出版された。この度、講談社学術文庫に収められることになった。

いま改めて拙著を読み返してみると、執筆当時の興奮振りがひしひしと伝わって来る。書き出しのところから随所に強い思い入れが感じられ、少し面映ゆい思いがする。だが一方で懐かしさと愛着も一入《ひとしお》といった面もある。

人は誰でも時代の目撃者であるが、常に証言者というわけではない。しかし、移ろい行く時代を目にするだけでなく、その隠された底流に生まれつつある歴史のうねりに触れて図らずも証人の役割を果たすということがある。一九八八年六月、私がモスクワやレニングラード（サンクト・ペテルブルグ）、そしてザゴールスク（セルギエフ・ポサト）を訪れて、かつて経験したことのない教会行事や式典に参加したのがそうした巡り合わせの時であったように思うのである。

かねてより私は、一九八八年六月に催される「ロシアのキリスト教受洗千年祭」にロシア研究者として是非参加して、式典や会議の様子を自分の目で見、耳で聴きたいものだと考えていた。望みがかなって「千年祭」の場に一歩足を踏み入れるや否や、私は何かとんでもない世界に迷い込んだと感じたものである。地鳴りがするような歴史の地殻変動が起きているのではないかという思いに圧倒されたからである。勿論三年後に超大国の名をほしいままにしていたあのソ連邦が解体、消滅することを予知したということでは全くない。そのような事態が迫りつつあることなど夢想もしていなかった。それでも眼前に展開する二週間足らずの煌《きら》びやかな出来事の奥底で何か大変なことが生起しており、それをしっかりと見届けておかなければと自らに何度も言い聞かせたことは確かである。

帰国して、私は些か気負いが過ぎるようにも感じたが、これまでのものとは趣を異にする独自の新しい「ロシア論」を書いてみようと心に決めた。私が目撃し、体験したことを基にロシアの歴史と現在を新たな視角から見直し、検討してみようと思ったのである。その所産が本書である。

千年の歳月を閲《けみ》したロシアの歴史を紡いできた国家と正教キリスト教という二本のより糸をなぞり、解きほぐしていくという企てが首尾よく成功したか否かは必ずしも明らかではない。ロシア正教という宗教の比重が高すぎるといった批判もあり得るだろう。しかし私自身には一つの見方として何ほどかの自信がある。とくにロシアの歴史と文化の特質を明らかにし、ロシア国家の政治文化を考察する上でかなりの程度有効であると考えているのである。改めて読者諸賢の御批判、御高見を仰ぐ次第である。

目次

ロシア正教の千年

序章

神にしか癒されることのない不幸

ロシアの教会を訪れるたびに、私は胸を締めつけられるような、息苦しいような気分に襲われる。そしてこの重苦しい、疼《うず》くような気分は二、三日間続くのである。イルクーツクのクレストヴォズドヴィジェンスキー（十字架挙栄）教会を訪れたときもそうであった。サンクト・ペテルブルグのプレオブラジェンスキー（主の顕栄）聖堂に行ったときも、ノヴゴロドの聖使徒フィリップ・奇跡者ニコライ教会や、モスクワのボーゴ・ヤブレンスキー（主の洗礼、通称エルホフスキー）大聖堂での祈禱に参加したときもやはり胸の疼きを感じたものであった。

一九九〇年八月、西ウクライナのテルノーポリ北方、約一〇〇キロに位置するポチャーエフ大修道院《ラ ウ ラ》に出かけたときのことであった。たまたま、その日は新しく選出されたばかりの「モスクワおよび全ルーシの総主教」アレクシー二世（在位一九九〇―二〇〇八）が、総主教として史上初めてポチャーエフ大修道院を訪問するため、歓迎の準備に大童《おおわらわ》であった。修道院にいたる参道には草花がびっしりと敷かれ、群衆が総主教の到着をいまかいまかと待っている。

そうした慌ただしいときであったにもかかわらず、修道士フェオドシーとセバストポーリ出身の若い修道僧ゲオルギーは私を親切に迎え入れ、修道院内部を隈なく案内してくれた。修道士フェオドシーは何を尋ねても、どこを写真に撮ろうとかまわないという。私は憑《つ》かれたようにカメラのシャッターを切り、彼らと話し合った。

広大な大修道院の一角にある、モスクワのザゴールスク（現在はソヴィエト時代には許されなかった古い地名「セルギエフ・ポサト」に戻っている。二九ページ参照）の教会を模して造られたという聖三位一体聖堂に赴いた私は、総主教を迎えるという華やいだ、希望に満ちた雰囲気とはおよそ異質な、奇妙に静穏な雰囲気に戸惑いを覚えた。

だが、聖堂に一歩足を踏み入れた途端に、私は了解した。修道士フェオドシーが、ここだけはカメラは厳禁だといった意味も、ここがどういうところであるかということも。

薄暗い、蠟燭《ろうそく》の灯だけがちらちらと揺らいでいる聖堂内では、外界とはまるで関係がないかのように、司祭による祈禱が行なわれている。司祭と輔祭の声、そして悲しげに流れる聖歌……。しかし三方の壁には、疲れ切った人々が足を投げ出して身を横たえている。彼らは、この世に身を寄せるべき家も、家族も、財貨ももたない巡礼たちなのだ。右側の聖台にはパンがうずたかく積まれ、司祭が祈りを捧げている。彼ら巡礼たちの食料なのであろう。恐らくはこの世で癒されることのない不幸や絶望は、そして慰められることのない悲しみや孤独は、日常の糧《かて》であるパンでさえ聖なるものに変える「成聖の儀式」を求めている。

ぼろぎれを纏《まと》い、足を丸太ん棒のように腫《は》らし、両手一杯の荷物を引っ提げた巡礼たちが、あるいは木製の乳母車のような粗末な押し車にぼろ布に被われて身を横たえた病人が、聖堂に入ってくる。

そうなのだ、私がロシアの教会で必ず襲われる疲労感の原因の一つは、聖堂に満ちた熱気や鼻を突く異臭だけでなく、そこに参集する信者たちの、とりわけ年老いた、打ちひしがれた女性信者たちの慰藉《いしゃ》を渇望する情念なのである。彼らの魂の飢えと渇きが、〝神〟によってしか癒されることのない不幸が、私を疲労困憊《こんぱい》させるのだ。

モスクワ・ダニーロフ修道院で敬虔な祈りを捧げる信徒たち。(酒井裕撮影)

彼らの苦しみや絶望がどのようなものか、想像してみるがよい。ソヴィエト体制七〇年の歴史において、あるいは革命後の内戦が、スターリン時代の農業集団化や粛清が、あるいは独ソ戦が彼らの人生であった。そしてソヴィエト共産主義体制が崩壊して、ロシアはいまも果てしのない混乱の中で呻吟《しんぎん》している。魂も凍り付くような恐怖や不幸や悲しみが彼らに襲いかかり、彼らは教会に〝神〟の慈悲と慰めを見出す以外に生きる術《すべ》をもてなかった。日常的な世俗世界と断絶しようとし、魂でのみ生きようとする人生がそこにはある。成熟した西欧社会の教会で覚える心の安らぎをここで味わうことはない。その重苦しさに、私は耐えることができないでいる。私の胸は、押しつぶされたように喘《あえ》ぎだすのだ。

実体をもった神

ロシア革命後、レーニン（一八七〇—一九二四）が唱えた「戦闘的無神論」を国是とし、苛烈な宗教弾圧を繰り返し加えてきたソヴィエト体制下で、ロシア正教会が存続してきた理由の一つが、歴史がロシア民族に課した苦難と不幸に彩られた神への憧憬であったことは疑いのないところである。彼らの悲しみや孤独は、反宗教国家が加える苦しみを忘れさせるほど強く、深いものであった。彼らの信仰の前には、マルクス・レーニン主義の無神論のドグマなどおよそ無力であった。暴力的な宗教抑圧も、彼らの信仰を克服することはできなかった。

彼らの信仰生活を考えるうえで、はっとさせられるような経験をイルクーツクのある教会で私はしたことがある。晩禱（夜の祈禱）に出掛けた私は、司祭がキリストの福音を読み上げる際に、信者たちのある者は革で装丁された重くて大きい福音書を自分の頭で支え、他の者がその回りに身をかがめて一つの円を形作るのを目撃した。それは、まるで池の鯉が餌を求めて群がるような光景であった。彼らにとって、福音、つまりイエス・キリストの宣べ伝える幸いなるメッセージは単なる言葉ではなく、文字通り全身全霊をもって受けとめるべき神の恩寵《おんちょう》にほかならなかった。だからこそ、彼らは身をかがめて福音を身体で聴こうとするのである。

今日のロシアでは、〝神〟は依然として実体である。心の悩みや魂の苦しみが、即肉体の苦痛である世界にあっては、〝神〟は肉体の癒し、肉の愛、肉の慰めでなければならない。私の眼に映し出されたロシアの宗教信仰者の心象風景とは、実はこのようなものである。

しかしながら、ロシアの正教信仰がわれわれに語りかけているのは、その深遠な信仰や神秘主義思想だけではない。同時に、ロシア史において、そしてロシア国家の誕生と発展に対してロシア正教とその教会が担ってきた意義や役割が明らかにされなければならないであろう。そしてこうした解明の作業を通して、二〇世紀のロシアが陥った泥沼のような混乱の本質が明らかにされ、ひいてはロシアの未来の展望を切り拓くことも可能になると思われるのである。

「宗教的熱狂」に支えられた社会主義

ロシアの歴史は、政治と宗教とが独特な形で癒着し、あるいは二本の織り糸のように絡み合ってロシア人の生を編み上げてきたことを示している。実際、ロシアの政治的統合原理は、常に一種の宗教的性格を帯びてきたといっても過言ではない。ロシアの政治は、民衆を魅了し、糾合する「宗教的熱狂」に支えられなければならなかったのである。

二〇世紀ロシアにおける政治運動の「宗教的性格」とその〝病理〟をいち早く指摘したのは、ロシアの代表的な哲学者ニコライ・ベルジャーエフ（一八七四―一九四八）であった。彼は興味深い論文「ロシアのジロンド党」の中で、二〇世紀初頭のロシアで大衆の心を惹《ひ》きつけているのが、なぜ、個人的には彼も支持していた〝立憲民主主義者〟ではなく、〝社会民主主義者〟（共産主義者）であるのかを解明しようとする。ベルジャーエフによれば、両派を決定的に分け隔てているのは「宗教的情熱」の有無であって、ロシアで西欧的な立憲民主主義が永続的な影響力をもちえないのは、それが「血の気のない、穏健な、感情に訴える力のない理論」にとどまっているからにほかならない。

これに対してロシアの社会民主主義者にとっては、政治は宗教であって、相対的な世界における人間の社会的な営みではなく、絶対的な価値を追い求める宗教的行為そのものなのである。勝利したボリシェヴィキ政権は、ベルジャーエフも指摘するように「ロシア民族の宗教的エネルギー」を巧みに操作し、吸収し続けてきた。だが、「もしこの宗教的エネルギーが枯渇すれば、体制への熱情も枯渇して」しまうことになる。ロシア革命後の事態の展開は、こうしたベルジャーエフの予見が正しかったことを示している。

ベルジャーエフと同時代人の文芸批評家ドミートリー・メレシコフスキー（一八六六―一九四一）も、ロシア政治に、そしてロシア革命の中にさえ独特の宗教的性格を見出す。メレシコフスキーによれば、ロシア革命の本質は、それが単なる政治ではなくて、むしろ宗教である点にあるという。ヨーロッパでは「宗教自体が既に久しく政治になってしまっている」のに対して、ロシアでは逆なのだ。なぜなら、ロシアの革命は「当のロシア革命が否定する専制政治とまったく同じように絶対的なものであり」、したがってそこでは政治が宗教と化してしまうからである。

一九〇六年に発表された「来たるべき賤民」と題するドストエフスキー論の中で、メレシコフスキーは、ロシアが「国家」という政治的秩序を構築する上で「驚くべき無能力」をさらけ出してきた事実を強調する。メレシコフスキーによれば、ロシアに決定的に欠如しているのは、政治的実体としての国家である。彼は次のように書く。「政治的にレアルな体躯に似た何ものかを創り出そうとする、幾千もの試みの末、ロシアがやっと創り出したものは、体躯の代わりに幽霊であった。怪奇なるキマイラ（キメラ、ギリシア神話に登場する怪獣――引用者注）であった。半神であり半獣であった。ギリシア正教による専制政治であった。それは、あたかも悪夢のようにロシアを圧迫した」（植野修司訳）と。

ツァーリ専制を生み出したもの、それはロシアの根源的な宗教的アナーキズム（無国家性）ということになる。メレシコフスキーにとって、ロシア的専制とアナーキズムはまさに楯の両面に過ぎない。そしてロシアの不幸は、ツァーリの絶対的専制とロシア人の魂の奥深くに根を下ろしたアナーキズムとの野合、あるいはそれらの悪循環を断ち切ることができないことにある。

共産主義体制が崩壊した今日、いったいロシアはなぜ、かくも深刻な政治的混乱に陥って、そこから抜け出すことができないのか。安定した民主主義体制の構築が、なぜいまなお実現されないのか。現在のロシアが直面するこうした問題は、実は宗教と政治とが複雑に絡んだロシア的な政治文化の問題でもある。「ロシア正教の千年」に対するわれわれの最大の関心事は、まさにこうした問題でなければならない。

尼僧院長の魂

一九八八年六月、ザゴールスクの聖三位一体セルギー大修道院で、「ロシア正教受洗千年祭」の公式行事として宗教会議（正式にはロシア正教会地方公会）が開かれた。これは後にも触れるように、ゴルバチョフ体制下にあってロシア正教会が復権した事実を国内的にも、国際的にも明らかにし、内外の〝認知〟を受けた重要な会議であった。この会議に出席する機会を得た私は、会議の始まる直前、マスコミ関係者に取材が許される数十分間に白人のカメラマンが、一人の尼僧院長の真ん前にカメラを据えて写真を撮っているのに気付いた。「カシャーン！」という乾いたシャッター音が響く。黒衣の尼僧院長は身じろぎ一つせずに、腰を下ろして数珠をまさぐりながら、祈りの言葉を呟《つぶや》いている。カメラマンはまるで彼女の〝魂〟の内奥を覗《のぞ》き込もうとするかのように、執拗《しつよう》にシャッターを下ろす。二人の〝やり取り〟は、議長によって会議の開始が宣せられるまで続いた。

あのカメラマンが写し取ろうとしていたもの、それはいうまでもなく、尼僧院長の〝信仰〟そのものであった。彼女の全人格と全生活を動機づけ規定している〝霊的な働き〟を、彼はファインダーを通して見たかったのであろう。彼が首尾よく成功したか否かを、私は知らない。しかし、彼の意図は私にもよく理解できるのだ。

本書で私が目指しているものは、あのカメラマンと同じように、ロシア正教と教会というファインダーを通して、ロシア＝ソヴィエト千年の歴史を覗き、その〝魂〟を写し取ることでなければならない。それは、ロシア＝ソヴィエト千年の精神史だけでなく、その政治文化的な特質を明らかにしようと努めることでもある。

第一章　受洗千年祭を祝ったロシア正教会

ロシア正教神学校にて

一九九〇年七月のある日、私はレニングラード（現在のサンクト・ペテルブルグ）の由緒あるアレクサンドル・ネフスキー大修道院を訪れた。修道院の敷地内にある神学校で教鞭をとる長司祭ボリス師に面会するためである。神学校は府主教館の裏手にある目立たない建物で、木製のドアの両側に掛かっているレニングラード神学校と神学大学という金属製のプレートに気付かなければ、小さな役所のようなたたずまいである。

ドアを入ると受付に向かう階段があり、ひんやりした薄明かりの中で人影が目に飛び込んでくる。夫婦らしい二人の巡礼である。日焼けした柔和な顔、埃《ほこり》まみれの衣服、ぼろぎれを巻き付けたような足元、肩には粗末な布カバンを掛けている。私と視線が合うと、十字を切って祝福を送る。男の巡礼には何かに魅入られたような、この世のものではない表情が浮かんでいる。ロシアの大地をさまようあの〝キリストのユロジヴィ〟に違いない。彼らの肉体はこの世にあるが、魂はすでに神の国で生きているのだ。ロシアのユロジヴィは、地上的な知恵の否定において真に神の知恵に到る人間の姿を表わしている（その様子は『旧約聖書』

の「ヨブ記」、およびドストエフスキーの『白痴』に描かれている）。ルーブル紙幣を進呈し、巡礼の優しい祝福を受けながら、私は神学校に入った。

ボリス師は五〇歳半ば、激しい情熱を中に秘め、知的誠実を具えた、あのロシア知識人（インテリゲンツィヤ）の風貌をもつ聖職者である。神学校の中を案内しながら、かつてこの神学校と神学大学に学んだ高名な聖職者や神学者について説明してくれる。私が尊敬する「日本の大主教、東洋の亜使徒」聖ニコライ――東京御茶の水のニコライ堂の建立者――もここに在学し、寄宿舎で極東の日本への宣教を決意したのであった。ニコライの事蹟を物語る資料が展示されている図書館には、彼の自筆の貴重な書簡や報告書が数多く収められているという。ボリス師は、会議室風の一室に私を導き入れた。

ボリス師は、ソヴィエト体制下のロシア正教会の歴史から語りはじめた。スターリン時代と、それに続くフルシチョフ時代の苦難の教会史を感情を抑えながら説明する。ゴルバチョフ政権の登場とペレストロイカ政策の導入とともに、ロシア正教会の目覚ましい再生が始まった。教会に対する社会の期待も、教会の社会的役割もますます大きくなった。とりわけ一九八八年のロシア正教受洗千年祭は、正教会復活を象徴する画期的な出来事であった。ゴルバチョフ政権の宗教的寛容政策がもたらした宗教ルネッサンスを強調しながら、ロシア正教会の現状についてボリス師はその希望とジレンマの両面から率直に語ってくれた。

聖職者にも広がるロシア民族主義

ロシア正教会総主教アレクシー二世（リディゲル、一九二九—二〇〇八）がレニングラード府主教在任中に側近として仕えたボリス師は、一九九〇年五月に永眠した前総主教ピーメンの後任に選出されたアレクシー二世の温厚な人柄や、指導者としての優れた能力を盛んに賞賛する。ボリス師によれば、アレクシー二世に特別な期待が寄せられているのは、民族紛争に揺れるソ連邦にあって新総主教がエストニア出身で、しかもドイツ人の血が流れている事実だという。そういえば、アレクシー二世は着座早々に、故郷のエストニアやウクライナを訪問した。

ところで、私に驚きと不気味な印象を与えたのは、この穏やかな聖職者の口から公然と自らのロシア民族主義的信条が表明されたことであった。折しも、私はレニングラードをはじめ各地でロシア民族主義運動の台頭を感じさせる出版物やデモンストレーションを目撃していた。私の質問に対して、「一部の人々に極右のファシスト運動のように見られているロシア民族主義運動『パーミャチ（記憶）』も、実は決してそうではなく、ロシアの歴史的、文化的伝統を擁護する運動に過ぎない。そしてそれは教会の立場でもある」と、彼は答えたものであった。

ボリス師はまた、ロシア正教会が全世界に開かれた普遍的なキリスト教会である一方、同時にそれが〝ロシア〟の教会であり、その限りにおいてロシアの自然風土や民族性と深く結びついた土着的な教会であることを強調した。「日本民族にとって、富士山がその美しい自然と精神の象徴であり、俳句や仏教が固有の精神文化を形作っているように、ロシアにも固有の自然美と精神文化がある」と彼はいう。彼にとって、ロシア正教会とその教義こそが、ロシアの精神と歴史そのものなのである。

ロシア民族主義への共感は、しばしばロシア人の深層心理にひそむ〝反ユダヤ主義〟感情とも容易に結びつく。「私が公教会の神父である限り、ユダヤ人であろうと、その人種、民族を問わず受け容れなければならない。だがロシア人としての私は、革命によってロシアを破壊し、いままた祖国を分裂の危機に陥れようとしている彼らの企《たくら》みを憎まずにはいられないのだ」と彼は語る。ロシア民族主義者にとって、二〇世紀は非ロシア的原理――革命的ニヒリズム、コスモポリタニズム、そしてシオニズム――がロシアを破壊した世紀であった。また、非ロシア人の指導者――トロツキー（ユダヤ人）、スターリン（グルジア人）、スヴェルドロフ（ユダヤ人）、ジェルジンスキー（ポーランド人）など――が登場し、ロシアを支配した世紀でもあった。

ロシア精神の汚染

ロシアの人心の荒廃はまた、レーニン以来の「戦闘的無神論」が青年たちの精神に与えた悪しき影響によってももたらされた。「『モンゴル＝タタールの軛《くびき》』時代でさえ燃え続けた聖なる灯明が消え、礼拝堂や修道院が姿を消し、神聖なロシア精神の泉の上に建てられた聖堂も破壊された。ロシアは闇の中に沈みはじめたのであった」と、ロシア民族主義新聞『オッチズナ（祖国）』は書いている。

こうしたロシア精神の〝汚染〟は、ロシアの大地と自然の破壊をも生み出した。ソヴィエト体制の下で、清冽《せいれつ》な泉は汚され、自然の流れは人工的な運河に変貌した。かつての美しい町が汚水の底に沈んでしまった。モンゴルの襲来による破壊を逃れてヴォルガ流域の湖底に沈んだという「輝ける都キテージ」の町に関する伝説は不気味な形で現実のものとなった。

ロシア民族主義者の復古主義的な主張には、ソヴィエト体制に対する文明史的な、そしてエコロジカルな批判が含意されていることが見逃されてはならない。そしてその主張は、マルクス・レーニン主義イデオロギーに対するアンチテーゼとして、さらにそれが生み出したソヴィエト体制に対する批判原理として受けとめられている限りにおいて、人々の共感をかち取り、また一定の影響力をも有しているのである。

ボリス師の思いがけない率直な語り口に強い衝撃を受けながら、ゴルバチョフ政権の登場以来、急激な変貌を遂げてきたロシア正教会について、しかも千年のロシアの歴史と歩みをともにしてきたロシア正教会についてさまざまな思いが脳裏を駆け巡るのであった。ロシア正教会の復活を画した正教受洗千年祭に参加する機会をもった私は、あの華やかな、自信に満ちた記念式典の様子を思い起こしていた。私は、今後のソ連邦＝ロシアの動向はロシア正教会の影響を抜きに考えることはできないという確信を抱いたのであった。

ロシア正教受洗千年祭

一九八八年六月五日朝、私は多くの聖職者や信徒代表団の人たちとともに、モスクワ川辺のウクライナ・ホテルを出発し、クレムリンの北にあるボーゴ・ヤブレンスキー総主教座教会に向かった。いよいよこの由緒ある教会で行なわれる聖体礼儀（リトゥルギヤ——キリストの聖体を拝領する典礼）とともに、ほぼ二週間にわたるロシア正教受洗千年祭の公式式典が始まるのだ。「ミレーニアム（千年）」という時間の重み、ソヴィエト体制下でロシア正教会が辿《たど》った苦難と殉教の歴史に想いを馳せずにはいられない。

受洗千年祭に参列した各国の代表者。左からキプロス、アルメニア、グルジア、アンティオキアの総主教。

教会の前に群れ集ったロシア人信徒たちの祝福を受け、高らかに鳴り響く鐘の音と荘厳な聖歌に迎えられて、私たちは大聖堂に入った。聖像（イコン）で埋めつくされ、燃えるような金色に輝く至聖所に拝礼し、聖体礼儀の開始を待つ。鐘楼の鐘が響き、聖歌が聖堂に流れるたびに、次々と世界の正教会の代表団が入場してくる。

「アンティオキアおよび全東方の総主教」イグナティウス四世、「グルジア正教会カトリコス総主教」イリヤ二世、「アルメニア聖使徒教会総主教」ヴァスケン一世、「全ルーマニア総主教」テオクティスト、「キプロスの大主教」クリュソストモス、「東京の大主教、全日本の府主教」フェオドシーの姿が見える。さらにビルブランス枢機卿が率いるローマ・カトリック教会の代表団、英国聖公会カンタベリー大主教ランシー博士、そしてこれまで写真でしか見たことのなかったロシア正教古儀式派（一七世紀の教会革命に反対してロシア正教会と袂を分かった分離派、聖職者の権威を認める容司祭派や無司祭派などの宗派がある）や、エジプトのコプト正統教会（東方正統教会の一つ、キリストの人性を否定し神性のみを認める単性論派）の聖職者そして仏教の僧なども登場し、いつの間にか広い聖堂は聖職者や信者たちで立錐《りっすい》の余地がないほどになっている。文字通り世界の宗教が一堂に会したようである。

王門が開き、東方教会特有の、磨き抜かれたバスで謳いあげられる輔祭の祈りの声が、高《あが》らかに聖体礼儀の始まりを告げる。「君や、祝賛せよ」「父と子と聖神（聖霊）の国は崇めほめらる、今も何時も世々に。アミン」。聖堂内は蠟燭の熱と人いきれで、意識が遠くなりそうな熱気である。しかし私は聖歌に耳を傾け、黒衣の修道士の祈りの表情に見入った。大連禱が終わり、聖歌が歌う。

「わが霊（たましい）や、主をほめ上げよ、主やなんじは崇めほめらる、わが霊や、主をほめ上げよ、わが中心やその聖なる名をほめ上げよ……」

私は自分がロシアの霊的世界のまっただ中にあることを実感した。ロシア革命によって破壊され、ソヴィエト体制下で失われてしまったはずの「聖ロシア」が、いまや圧倒的な力をもって甦《よみがえ》り、迫ってきたような思いであった。ほんの二年前の一九八六年にソ連を訪れたときは、ロシア正教会復活の手応えを感じはしたものの、これほどではなかった。警戒する視線や、あからさまな嫌がらせをさえあちこちの教会で体験した。とくにカメラで聖堂内を撮影しようとすると、睨《にら》みつけられたり、背中を杖で小突かれたりしたものであった。しかし千年祭を祝うロシア正教会の、そして信者の表情のなんと自信に満ちていることだろうか。

総主教の系譜

突然改めて厳かな聖歌が聞こえ、堂内がざわめいた。人々の視線が一点に集中する。「モスクワおよび全ルーシの総主教」ピーメン（俗名セルゲイ・M・イズヴェコフ、在位一九七一―九〇）の登場である。高齢の、しかし堂々たる恰幅《かっぷく》の総主教は病気がちで、若い聖職者に両脇を支えられて、おぼつかない足取りで至聖所に立つ。だが式辞を述べる声は少し高い声で、朗々と響く。

ピーメン総主教は、一五八九年モスクワに「総主教制（パトリアルシェストヴォ）」が認められ、コンスタンチノープル総主教エレミアス二世によって初代総主教イオフ（在位一五八九―一六〇五）が叙聖されてから、第一四代目の総主教に当たる。しかし、現在にいたる

「モスクワおよび全ルーシの総主教」（ムーヒン画）左からイオアキム（以下、在位1674-90）、ピチリム（1672-73）、イオアサフ二世（1667-72）、ニーコン（1652-66）、イオシフ（1642-52）、イオアサフ一世（1634-41）、聖エルモゲン（1606-12）、聖イオフ（1589-1605）、ピーメン（1971-90）、フィラレート（1619-33）、セルギー（1943-44）、アレクシー一世（1945-70）、聖チーホン（1917-25）、アドリアン（1690-1700）。

までロシア正教会の総主教制が中断することなく続いてきたわけではなかった。ニーコン総主教（在位一六五二—六六）の教会改革によって分裂の危機に陥ったロシア正教会は、一七二一年、偉大な、しかし恐るべき専制君主ピョートル大帝（一世、在位一六八二—一七二五）の手で総主教制を廃止され、以来一九一七年の帝政崩壊まで実に二〇〇年にわたって総主教を戴くことができないまま、世俗の宗教大臣である「聖宗務院総長（オーベル・プロクロール）」の監督下に置かれることになる。

総主教制の復活、つまり世俗権力に対するロシア正教会の独立の回復は、皮肉にも、ロシア革命の騒擾《そうじょう》の最中に起こったのであった。ソヴィエト体制下ではスターリン期の再度の中断（一九二五—四三）を挟んで、四代目の総主教がピーメンである。独ソ戦の精神的指導者として国民的英雄の栄誉を担った前任の総主教アレクシー一世（在位一九四五—七〇）の死後、一九七一年にロシア正教会の聖地ザゴールスク（セルギエフ・ポサト）*の聖三位一体セルギー大修道院で開催された公会で、「クルチッツおよびコロムナの府主教」ピーメンが全員一致で総主教に選任されたのである。

このように総主教制の歴史を繙《ひもと》いてみるだけでも、〝聖〟と〝俗〟のはざまでロシア正教会が遭遇した有為転変や、それが甘受しなければならなかった悲劇的な運命を垣間見ることができよう。こうした歴史を背負ったロシア正教会が、ソヴィエト社会にもたらしたものとはいったい何だったのか、また教会は今後どうなっていくのか。ゴルバチョフ政権に始まる宗教的寛容政策と政教和解は、教会の将来にどのような影響を及ぼすのか。ロシア正教会は実際に再生したのだろうか……、このようなことを考えながら、私はロシア正教会に返還され、修復なって、モスクワ総主教庁が置かれていたダニーロフ修道院をはじめ、千年祭に沸き返る各地の教会を訪れ、ザゴールスクで開かれた公会にも出席した。そして「千年のロシア」を、甦りつつある「聖なるロシア」を実見することができたのである。

＊セルギエフ・ポサト：ロシア正教会の聖地「セルギエフスキー・ポサト」は一九一九年、ボリシェヴィキ政権によって「セルギエフ」と改名させられ、さらにその後一九三〇年に革命家ザゴールスキーにちなむ「ザゴールスク」に変更された。この聖地は一九九一年から再び旧名に戻っている。

ロシア正教会地方公会（1988年6月9日）、左側にピーメン総主教と宗教問題評議会議長ハルチェフが並んでいる。

宗教大臣の列席

一九八八年六月六日から九日まで四日間にわたってザゴールスク聖三位一体セルギー大修道院内のセルギー・トラペズナヤ聖堂で開催されたロシア正教会地方公会は、ロシア革命以降の公会としては四回目のものである。この公会は一〇のセッションから成り、ロシア正教会のメンバーだけで行なう会議と、それ以外の来賓も参加するセッションとに分かれている。議長団席には、総主教ピーメンを中心に教会の最高首脳部を構成する聖宗務院（シノド）常任会員――「キエフおよびガリツィヤの府主教」フィラレート（後にロシア正教会モスクワ総主教に反旗を翻したウクライナのフィラレート、第九章を参照）、「レニングラードおよびノヴゴロドの府主教」アレクシー（第一五代総主教アレクシー二世）、「クルチッツおよびコロムナの府主教」ユヴェナリー（ポヤルコフ）、「オデッサおよびヘルソンの府主教」セルギー（ペトロフ）、「ミンスクおよび白ロシア（ベラルーシ）の府主教」フィラレート（ヴァフロメーエフ）が着席する。

この席に一人、平服の紳士が座っている。「ソ連邦閣僚会議付属宗教問題評議会議長」（当時）コンスタンチン・ハルチェフ（一九三四—）である。一宗教団体の会議の議長団席に世俗の宗教大臣が列《つら》なっていること自体が、ソヴィエト体制下でロシア正教会が置かれてきた立場の一端を示しているように思われる。ハルチェフは、ソ連邦閣僚会議を代表して祝辞を朗読した。議長団席の両横と背後に、外国の代表団が席を占めている。そしてキプロス大主教、グルジアの総主教、純白の祭服に身を包んだルーマニア総主教、日本の府主教、さらにプロテスタント各派の代表たちが次々と登壇し、千年祭を祝福した。

自己批判をしはじめた聖職者たち

私には、とりわけ二七二人のロシア正教会代議員が出席した公会が興味深く、印象的であった。ロシア正教会が辿った千年の歩み、そして教会の財政や出版活動に関して、さらに反核・平和運動や対外活動について基調演説が行なわれ、これに対してフロアから黒衣を纏い、髭を生やした主教や修道司祭、教区司祭たちが質問を発し、あるいは意見を開陳した。

主教の一人は「地方にもっとペレストロイカを！」と叫んで、中央に比して改革が遅れ、地方当局の官僚主義に管理、統制された地方教会の現状を訴える。またある司祭は激しい自己批判を展開する。「司祭が高い塀に囲まれた大きな家に住み、二頭のシェパード犬を飼い、自動車を乗り回し、村一番の裕福な生活を送っている。しかも信者たちの苦しみや悩みにも充分に耳を貸さず、さっさと聖堂を閉めて家に帰ってしまう。いったいこれが司祭なのだろうか。これが宗教家のとるべき態度だろうか」と。また修道士の一人は、革命後の苦難の歴史を経ながら、ロシア正教会はその中から現代に応えるべき新しい「宗教哲学」を創造することを怠ってきたと鋭く糾弾した。こうしたやり取りは私にはまったく予想外のことであり、新鮮な驚きと、ロシア正教会復活の健全な息吹を感じたものであった。

ロシア民族主義を鼓吹する新聖人の列聖

公会の重要な決定の一つは、千年祭を記念して九名の聖職者や殉教者が新たに聖人の列に加えられたことであった。府主教ユヴェナリーが「ロシア正教会における聖人の列聖について」と題する報告を行ない、「聖」の新・旧約聖書に基づく定義、一一世紀のボリスとグレプの兄弟（ともにキエフ大公ウラジーミル一世の子、一〇一五年兄スヴャトポルクに欺かれ、無抵抗主義を守って亡ぼされる）に始まるロシア正教会の聖人について論じてから、次いで九人の新聖人の名前を発表した。

すなわち、一三八〇年にドン河流域クリコーヴォ平原でタタールのママイ汗軍に対して歴史的な勝利を収めたロシアの国民的英雄、「モスクワ公」ディミートリー・ドンスコイ（一三五〇―八九）、ロシア・イコンの最高傑作『聖三位一体』の作者、修道士アンドレイ・ルブリョーフ（一三六〇?―一四三〇）、いわゆる「非所有派＝清廉派」の神学者マクシム・グレク（一四七〇?―一五五六）、ロシア正教会の傑出した指導者、「モスクワ府主教」マカリー（一四八二―一五六三）、数多くの優れた修道士を育てた修道僧パイシー・ヴェリチコフスキー（一七二二―九一）、「ペテルブルグの致命者（殉教者）」クセーニヤ（一七三二―一九世紀初頭）、神学者として有名な主教イグナーティ（一八〇七―六七）、ドストエフスキー、トルストイそしてウラジーミル・ソロヴィヨフに大きな精神的影響を与えたオプチナ・プスチン修道院の修道僧アムブロシー（一八一二―九一）、隠遁者の主教フェオファン（一八一五―九四）の列聖が正式に承認されたのである。

ところで、これら新しい聖人すべてが、ロシア革命以前の人たちであったことに留意する必要がある。一九八八年の段階では、ソヴィエト体制下、とくに宗教弾圧の嵐が吹き荒れたスターリン時代に殉教した聖職者たちの列聖は見送られた。こうした措置に対して公会出席者の間から批判の声が挙がった。それによれば、二〇世紀こそがロシア正教会にとって最大の課題でなければならないというのである。しかし、「ヴォロネジおよびリペツクの大主教」メフォージー（ネムツォフ）は、ボリショイ劇場での特別コンサートに際して行なった挨拶の中で「二〇

イコンの最高傑作といわれる『聖三位一体』（アンドレイ・ルブリョーフ画、トレチャコフ美術館）。

世紀の聖職者と殉教者を列聖するのは時期尚早である」と語った。

だがその後の事態の進展は、ペレストロイカ下のソ連邦の急激な変貌と歩調を合わせるかのように、教会が置かれた環境も急速に変化しつつあることを示してきた。翌一九八九年、「ロシア正教会総主教制確立四〇〇周年」記念式典に際して、主教会議は初代総主教イオフとともに、クロンシュタットのイオアン神父（一八二九―一九〇八、俗名セルギエフ）とロシア革命の最中に総主教に叙聖され、ボリシェヴィキ政権に雄々しく立ち向かったチーホン（俗名ヴァシリー・ベラーヴィン、在位一九一七―二五）の列聖を決定したからである。

公会の議事進行の合間を縫うように、ロシアの国民的英雄、聖アレクサンドル・ネフスキー（一二二〇？―六三）の聖遺骸（不朽体）やその他の聖器物の返還、あるいはキエフの由緒あるペチョーラ洞窟大修道院《ラウラ》、聖人を輩出したオプチナ・プスチン修道院、ヤロスラーヴリのトルグスキー修道院などの返還のニュースが披露された。千年祭はロシア正教会が誇らしげに示した自らの復活振りはもとより、これを祝福するかのようにゴルバチョフ政権が与えた一連の譲歩やサーヴィスの面でも、大いに注目すべきものであった。

東方キリスト教の受容とヨーロッパからの別離

ロシアの正史が伝えているところによると、いまを去る一千年前の九八八年、キエフを中心にロシアの国家的統一をなし遂げたウラジーミル聖公（一世、在位九七八―一〇一五）

は、東ローマ（ビザンチン）帝国に範を求めて、「東方キリスト教（ギリシア正教）」を国教に採用した。このギリシア正教の受容は、ロシアの社会・文化的、政治的発展における決定的な転回点を画するものであったといわなければならない。というのは、東方キリスト教の教義の導入を通じてギリシア文字（教会スラヴ語で使用されるキリール文字）が、さらにその他のあらゆる文明形式——文学、美術、建築——がロシアに入り、その結果ロシアはビザンチン文明圏に属することになったからである。

当時、ビザンチン帝国の首都コンスタンチノープル（現在のイスタンブール）は世界の政治、経済、そして宗教、文化の中心の一つであった。すでに八六一年、聖キリロス（八二七—八六九）と聖メトディオス（八一五—八八五）兄弟が、ブルガリアをはじめとしてスラヴ世界への布教活動を開始していた。ブルガリア王ボリス（一世、在位八五二—八八九）は八六四年に洗礼を受け、さらに八七〇年にはブルガリア教会をコンスタンチノープルの支配下に置いたのである。

ウラジーミル聖公が派遣したキエフ・ルーシの使節が、ブルガル人*のイスラム教、ドイツ人のローマ・カトリック教の信仰の実態について調査を終えてから、ツァーリグラド（コンスタンチノープルのこと）に赴いて、その地の壮麗なハギヤ・ソフィア大聖堂とそこで繰り広げられる荘厳なビザンチン典礼にどれほど驚き、その美にいかに深く感動したかを『原初年代記』は生き生きと伝えている。

われらはブルガル人のもとに行き、彼らが帯もしめずにモスクという寺院のなかで礼拝するのを見た。……彼らのなかには陽気さはなく、あるのは悲しみと大いなる悪臭のみである。彼らの掟はよきものではない。ついでドイツ人のところへ行き、寺院のなかでさまざまの勤行を行なっているのを見た。だがそこにはいかなる美しさもなかった。それからわれらはギリシア人のもとにおもむいた。彼らはわれらを自分たちの神に仕える場所にみちびいたが、そのときわれらは天上にいたのか、それとも地上にいたのか、わからなかった。地上にはあのような眺めも、あれほどの美しさもない。それは口では言い尽しがたい。われわれにわかっているのは、かしこでは神は人とともにあり、彼らの勤行は他のいかなる国のものよりもすぐれているということだけである。われらはあの美しさを忘れることができない。

（中村喜和編訳『ロシア中世物語集』）

キエフ・ルーシの人々をギリシア正教信仰に導いたものが、ハギヤ・ソフィア大聖堂で行なわれた典礼の美しさに対する「感動（ウミレーニエ）」であったという指摘は示唆的である。キエフ・ルーシのキリスト教受洗に関する年代記の記述が必ずしも史実に則したものではないとしても、当時のキエフ・ルーシ人の心理的、精神的な雰囲気をよく反映しているように思われるからである。

ところが、ギリシア正教の受容によって教会儀式にラテン語ではなく教会スラヴ語を使用するようになったという事実は、東西キリスト教会の対立抗争の激化という歴史的推移のうちに、ロシアのその後の発展に複雑な影響を及ぼすこととなった。なぜならロシアは、西欧文明の恩恵から遮断されたからである。ロシアはキリスト教という同じ宗教を共有しながら、ローマ法、ルネッサンス、そして宗教改革を知らなかった。しかも一四五三年、オスマン・トルコによってコンスタンチノープルが占領され、東ローマ帝国が滅亡したとき、ロシアは正教キリスト教圏内の唯一の指導的な独立国家となった。その結果、ロシアはビザンチン文明の正統な承継者としての地位を獲得したとはいえ、他方で深刻な精神的孤立を経験しながら、独自の発展コースを辿っていくことになる。

一六世紀初頭、プスコフの修道僧フィロフェイが唱えた「第三のローマ＝モスクワ」の教説は、ビザンチンから受け継いだ〝正統主義〟とともに、まさにこうしたロシアの孤立感を端的に表現するものでもあったのである。

＊ブルガル人：九～一二世紀にヴォルガ河流域で栄えた汗国のトルコ系民族

ロシア文化を形成したロシア正教

千年祭に際して、ロシアにおけるキリスト教受容の事実や意味に関して一種の論争が行なわれた事実は非常に興味深い。その主要な論点は、ロシア文化の形成に対する正教会の役割と意味についてであった。キリスト教導入以前の異教文化の存在、非キリスト教文化に対するロシア正教会の関係、千年の歴史におけるロシア正教会の文化的、政治的役割に関する評価をめぐって論争が展開されたのであった。肯定か、否定か、いずれの立場を取るにせよ、こうした議論がさまざまなメディアを通じて行なわれたところにペレストロイカ時代のソ連邦の特質と、さらにはロシア正教会再生の証拠を見出すことができたといえよう。

現代ロシアの最も代表的なロシア文学史家で、科学アカデミー正会員であるドミートリー・リハチョーフは、ロシア文化は多神教という異教的伝統を背景にするとはいえ、結局のところロシア正教を中核として形成された「キリスト教文化」なのだと主張する。ソヴィエト時代の少なからぬロシア正教会聖職者たちが回心して信仰生活に入るにいたったきっかけが、ロシア史やロシア文化への関心であったという事実を考え合わせると、リハチョーフのこうした見解がますます顕著となりつつあった正教会の復活という状況に対して特別な意味を有していたことに気付かされるのである。

千年祭で出会った一人の修道司祭は、ロシア人のアイデンティティとその宗教性、すなわちロシア正教信仰との一体性を強調して次のようにいったものである。「ロシア人は教会の中に母なる祖国を発見する。……教会に参加することは、祖国への復帰を意味するのだ。また逆に、人は祖国の奥深くに教会を見出すのだ」と。

こうした主張は、ロシア正教会首脳が繰り返し強調してきたところでもある。ピーメン総主教はロシア正教千年の意義をこう説明した。ロシアの受洗は教会史にとどまらず、「ロシア国民の精神的統合の面でも画期的な出来事であった」。しかもロシア正教会は、過去においてだけでなく、ソヴィエト体制下にあっても国際的な平和運動において、あるいは市民に「道徳的純潔」と「勤勉と義務」を守らせる上で重要な使命を果たしているのであると。

ゴルバチョフのロシア正教評価

ゴルバチョフ政権時代になると、共産主義体制下でロシア正教会が担うべき社会的役割について、公式メディアや、クレムリン指導者でさえしばしば積極的な評価を与えるようになった。千年祭と前後して、政府機関紙『イズヴェスチヤ』は実に二〇日間にわたって、ロシア正教会に関する特集記事を掲載した。中でもK・ケドロフ署名のロシアのキリスト教化に関する論文（六月一日）やダニーロフ修道院で図書係を務める修道士マルクの写真付きのインタヴュー記事（六月五日）などは、当時としては極めて注目すべきものであった。

しかしロシア正教会に対する最も好意的な評価は、ほかならぬゴルバチョフ共産党書記長（当時）自身が教会首脳に語った言葉であった。一九八八年四月二九日、千年祭に先立ってゴルバチョフは、ピーメン総主教をはじめアレクシー府主教（のちの総主教）ら高位聖職者をクレムリンに招き、〝政教和解〟を確認した。このクレムリンでの会見は、独ソ戦最中の一九四三年、スターリンが戦争への協力と支援を求めてロシア正教会首脳と行なった会談以来、実に四五年振りのことであったが、これによってソヴィエト政権とロシア正教会との関係は明らかに新段階に入ったのであった。

ゴルバチョフはまず、ロシアへのキリスト教導入を高く評価する。彼によると、ロシアの受洗は宗教にとどまらず、祖国の歴史、文化、社会経済そして国家体制の発展に「有意義な」影響を与えるものであったという。しかし、過去のソヴィエト政権は宗教政策の面でも過ちを犯してきた。ゴルバチョフはこの事実を率直に認めた上で、大祖国戦争における、そして今日のソヴィエト国家に対するロシア正教会の貢献にも言及する。「あの苦難に満ちた時代の聖職者たちの愛国的な呼び掛け、国防基金への大衆的な募金運動はいまなお記憶に残っている。信者たちから寄せられた資金でアレクサンドル・ネフスキー記念飛行中隊とディミートリー・ドンスコイ記念戦車縦隊が編成された」。

それだけではない。現在でもロシア正教会の貢献は特筆すべきものなのだ。「……人道主義、諸民族間の公正な関係を目指し、ソヴィエト国家の内外政策を支持する聖職者の活動は……高い評価に値する。信徒の圧倒的多数はペレストロイカを受け容れ、わが国の社会・経済的加速化計画の実現に、民主主義とグラースノスチの発展に少なからぬ貢献を加えている」。さらにゴルバチョフは「宗教団体の利益も反映される良心の自由に関する新しい法律（一九九〇年一〇月に制定）を作成中である」ことを明言するとともに、信徒も一つの祖国を有するソヴィエト国民であると述べて、彼らの愛国心に訴えかける。「信徒たち、これはソ連邦の国民、勤労者、愛国者であり、……われわれには共通の歴史、一つの祖国、一つの将来がある」と。

一方ピーメン総主教も、ロシア正教会が担ってきた愛国的使命を強調する。「わが教会は常にその礼拝をわが祖国の全一性、外国の侵害からの防衛、社会における正義の強化、精神文化の発展についての配慮と結びつけてきた」。そして続けて総主教は、「ペレストロイカと社会の道徳的刷新に関する措置」への全面的支持をも表明したのであった（『プラウダ』紙一九八八年四月三〇日）。

このようなゴルバチョフとピーメンとの〝エール交換〟は、新たな段階を迎えたソヴィエト国家とロシア正教会との〝相互協力関係〟を確認し、確固としたものにする上で極めて重要な出来事であったといえよう。

ゴルバチョフとピーメンの政教和解（ロシア通信社提供）。

復活したロシア正教会の役割

ゴルバチョフ政権下のソ連邦における宗教の著しい復活は、当時内外の注目を集めたものである。経済的な危機と全土に及んだ民族紛争の深刻化に伴って、ソ連邦に住む人々の宗教への関心と期待がますます大きくなった事実は、しばしば新聞紙上でも取り上げられた。たとえば、著名な社会学者T・ザスラフスカヤの研究所が行なった意識調査は、共産党を信頼する人々が一四パーセントに過ぎないのに対して、精神的な支えとして宗教を信じる市民がソ連邦全土で三八パーセント、モスクワやレニングラードなど大都市で五二パーセントにも達していることを明らかにしていた（『コムソモーリスカヤ・プラウダ』紙一九九〇年一〇月三〇日）。しかも、宗教の復活については『プラウダ』紙や『イズヴェスチヤ』紙を含む公式メディアもその事実を認めただけでなく、その要因がソヴィエト社会の停滞と精神的頽廃であるとしばしば指摘した。

要するに、ゴルバチョフ政権下で明らかとなったソ連邦の破局的な様相は、道徳的、精神的な価値原理としての共産主義イデオロギーの崩壊を意味していたのであり、ソヴィエト体制下における宗教の再生も、こうした文脈において理解されなければならないであろう。

実際、それまで閉鎖されていた教会が次々と活動を再開し、洗礼を求めて教会を訪れる市民がひきも切らずというのが、当時のロシア正教会の実情であった。そしてロシア正教会は、苦境にあるソ連邦が抱える社会的、道徳的な問題の解決に積極的に取り組む姿勢を示したのであった。

一九九〇年六月に故ピーメン総主教の後任として「モスクワおよび全ルーシの総主教」に選出されたアレクシー二世は、『イズヴェスチヤ』紙のインタヴューで（一九九〇年六月一六日）、ロシア正教会に対する市民の関心が高まりつつある事実を誇らしげに指摘し、教会の果たすべき役割は失われた道徳や伝統的文化を国民に伝えることであると強調した。「私が嬉しく思うのは……」と彼は次のように述べる。

今日多くの人々の目が再び聖書や教会に向けられていることだ。これには理由がある。教会、これは精神的、道徳的価値の担い手なのだ。教会はこれらの価値をいく世紀にもわたって伝承してきた。そしてわたくしたちの遺産を人々に分け与えることができる。人々は精神の糧《かて》に飢えてきた。最近、聖書が最も人気のある本の一冊となったのは偶然ではない。……聖書に親しむ人々にとって重要なのは、わが国で忘れられ、見失われた巨大な文化の地層に親しむことなのだ。

また一九九〇年一〇月一日に制定された『良心の自由と宗教団体に関する法律』は、ロシア正教会の復活を法的に保障するものとして重要な意味を有していた。とくにそれまで禁止されていた慈善活動や宣教活動をも含む「社会的活動」が法律によって認められたことは、教会が社会に対して積極的に働きかけることを可能にするものであった。宗教活動の〝法的自由化〟は明らかにロシア正教会の活動範囲を大幅に広げ、その活性化を促したのである。

イデオロギー崩壊後のロシア正教会

一九九一年八月の保守派の〝クーデタ〟に続く共産主義体制の崩壊とソ連邦の解体が、ロシア正教会の再生に一段と拍車を掛けたことは疑いのないところである。政治的統合のイデオロギー的基礎であったマルクス・レーニン主義の権威が失われ、経済の破綻と民族紛争の激化という二重苦に喘いでいたロシアにあって精神的、道徳的な支柱としてのロシア正教会への期待がますます大きくなっている事実は想像に難くない。こうした中で、総主教アレクシー二世をはじめ教会首脳が精神的指導者の立場から、民族対立や犯罪の増加といった問題に対して発言する機会が増えていった。

また、従来の神学教育とは別に、ロシア正教会は一般的な学校教育事業にも乗り出そうとしている。一九九二年秋に、法学部や経済学部を併せもつモスクワ正教総合大学が開設されたのも、こうした動きの表われである。今後、教育や道徳的刷新といった面でのロシア正教会の役割がよりいっそう重要性を増すことになるであろう。

しかしながら他方で、ロシア正教会が後にも見るように、ソ連邦の解体を促した民族主義のあおりを受けて、深刻な分裂の危機に直面していることもまぎれもない事実である。宗教ルネッサンスと内部分裂というジレンマの中で、千年のロシア正教会は新たな歴史の第一歩を踏み出したのである。

第二章　生き方としてのキリスト教信仰

サロフの聖セラフィムの聖遺骸の返還

一九九一年二月七日早朝、モスクワの「レニングラード駅（現在サンクト・ペテルブルグ駅）」周辺には、総主教アレクシー二世をはじめきらびやかな祭服を纏ったロシア正教会聖職者を取り囲むように大群衆が詰めかけていた。彼らは、聖龕《せいがん》に納められてレニングラードから汽車で運ばれてくる「サロフの奇跡者、克肖《こくしょう》なる聖セラフィム」の聖遺骸（不朽体）の到着をいまや遅しと待っていたのである。

数々の奇跡と予言によってロシアの民衆に圧倒的な人気を博したサロフの聖セラフィムの聖遺骸は、ロシア革命という奇禍に遇って、実に数奇な運命に弄《もてあそ》ばれながら、聖人ゆかりの地に帰ってくることになったのであった。

一九〇三年、ロマノフ王朝最後の皇帝ニコライ二世と皇后アレクサンドラのたっての求めによって、サロフの隠者セラフィムは聖人の列に加えられた。教会の定めに従ってセラフィムの生前の事蹟が検討され、さらに彼の遺骸も調査された。その結果、奇跡をもたらすと信じられた不朽体が発見された。聖セラフィムの聖遺骸は、その後二〇年間、サロフの修道院内に安置され、奇跡と救いを願う人々の熱烈な信仰の対象となった。この聖地に詣《もう》でる善男善女の群れは絶えることがなかったという。

しかし、革命の業火から誕生したボリシェヴィキ政権は、聖セラフィムの聖遺骸が安らかな眠りに就くことを許さなかった。一九二二年、彼の墓所はあばかれ、聖遺骸は運び出された。それは最初、モスクワの「ドンの生神女《しょうしんじょ》（聖母）イコン修道院」内に設置された「宗教美術博物館」に収容された。さらにこの博物館が閉鎖されると、聖セラフィムの聖遺骸はモスクワの「中央反宗教博物館」に移されることになる。だがそれ以後、聖セラフィムの聖遺骸は行方不明となってしまった。

ところが二〇世紀も末になって、彼の聖遺骸はレニングラードの「宗教史博物館」（かつての「宗教・無神論史博物館」）で偶然発見された。というのは、ロシアの国民的英雄である聖アレクサンドル・ネフスキーの聖遺骸がロシア正教会に還《かえ》される折に、たまたま聖セラフィムの聖遺骸も見つかったのである。そして一九九一年一月、聖セラフィムが予言したように〝反キリスト〟の共産主義体制が崩壊の危機に瀕していたまさにそのときに、彼の聖遺骸は博物館からロシア正教会に正式に返還されることになった。「一九〇三年のセラフィムの列聖以来、今世紀二度目の偉大な奇跡である」と、ロシア正教会機関誌『モスクワ総主教庁ジャーナル』は述べている。

実際、聖セラフィムの聖遺骸の発見と返還は、広くロシア社会の注目を集めた出来事であった。聖セラフィムが行なったという正教ロシアの受難と復活についての予言は、今日のロシアでも広く信じられている。モスクワ大学出のある高名な日本研究者も、真剣な面もちでセラフィムの予言が成就されつつあると筆者に語ったものである。

聖遺骸の奇跡

聖セラフィムの聖遺骸の返還がロシアの国民的な関心事となった背景には、彼の予言に加えて、列聖にまつわるいくつかのエピソードも重要な意味をもっている。一九〇三年にロシア皇帝ニコライ二世によって裁可された隠者セラフィムの列聖は、ロマノフ王朝に、そしてロシアの未来に光を投げかけ、また不吉な影を落としたのであった。それは、帝政の瓦解という不幸な事件とも無関係ではなかったのである。

数々の予言を行なったサロフの聖セラフィム（1759–1833年）。

一九〇三年八月、ニジニー・ノヴゴロド（ソヴィエト時代のゴーリキー市）にほど近い小さな町サロフで行なわれた「サロフの奇跡者、克肖なる聖セラフィム」の列聖式には、ニコライ二世と皇后アレクサンドラ、皇太后マリーヤ、そして有力な皇族や貴族が列席した。セラフィムの列聖をとくに強く望んだのは、ほかならぬニコライ二世とアレクサンドラ皇后であった。というのは彼らが、皇位継承者たるべき皇子の誕生を、隠者セラフィムが予言していると固く信じていたからである。

この間の事情を、帝政末期の傑出した宰相セルゲイ・ウイッテ（一八四九―一九一五）はその『ウイッテ伯回想記』の中でこう説明している。

両陛下は或るとき聖僧――セラフィム――の遺骸開現の祭典に臨んだ。その際にいろいろ不思議な奇蹟が伝えられている。皇后が或る晩入浴していた際に「ロシアは四人の皇女の後に皇太子をもつであろう」――という聖僧の暗示をあたえられたというのもこの時のことであった。そしてこれが実現したので、両陛下の聖僧にたいする信仰は動かすことの出来ないものとなってしまった。そして陛下の書斎にはセラフィム僧正の大肖像が掲げられるようになった。……陛下は次のように断言した。

「だがセラフィム僧正の聖行や奇蹟については僕は動かすことの出来ない証拠をもっているから、何人も僕の信仰を揺がすことは出来ない」

（大竹博吉監訳）

サロフで催された聖セラフィムの列聖式には、不思議な運命の糸に操られるように、「聖都キエフ」への巡礼の旅を続けていた怪僧ラスプーチン（グリゴーリー・ラスプーチン、一八七一―一九一六）が立ち寄った。数百人の巡礼とともに式場に入ったラスプーチンは、聖セラフィムの聖遺骸を納めた銀製の棺の傍らに、まるで失神したかのように倒れ込んだ。それからしばらくしてわれに返ると、大声で新しい奇跡は成就されるだろうと叫んだ。ラスプーチンは、ニコライ二世とアレクサンドラ皇后との間に皇位継承者が誕生するだろうと予言したのであった。事実、その約一年後の一九〇四年八月一二日、待望の皇太子アレクセイが誕生した。しかし、この不幸なロマノフ王朝の皇位継承者は血友病という宿痾《しゅくあ》に冒されていた。ロシアの国を挙げて祝福したセラフィムの列聖とアレクセイ皇太子の誕生劇は、暗転して、ロシア帝政を崩壊に導くことになるロシア皇室とラスプーチンとの不吉な結びつきを演出した舞台と化したのである。（J・オークレー『ラスプーチン　その虚像と実像』和田廣訳）

禁欲と沈黙に生きるロシアの聖人

ロシアの聖人は、ロシアの民衆に正教会の生きた信仰を示し、身をもってキリストの教えを伝えた人たちであった。彼らの多くは修道士や隠遁者（スターレッツ）として、世俗の欲望を断ち、ひたすら祈りと修行に専念した。一方ロシアの民衆は、これら聖人の生涯の中に神の生きた啓示を見出し、〝人生の生き方〟を学び取った。ドストエフスキーの小説『カラマーゾフの兄弟』に登場する〝ゾシマ長老〟は、典型的なロシアの聖なる隠遁者の姿を表わしている。第六編「ロシヤの僧侶」の中で、ドストエフスキーは死の床にあるゾシマ長者に次のように語らせている。

われら僧侶の中からは昔より、人民のために活動した人が多く出ている。今とても、そういう人がないはずはない。同じように謙虚温順なる禁欲と沈黙の行者が、奮然と起《た》って偉大なる事業におもむくであろう。ロシヤの救いは民衆にある。しかるに、ロシヤの僧院は昔から民衆の道づれであった。もし民衆が孤独の中にこもれば、われらもまた孤独の中にこもるであろう。……やがて、民衆が無神論者を迎え討ってこれを征服し、一体として結合せる正教のロシヤが出現する時が来るであろう。われらはすべからく民衆を守り、民衆の心を秘蔵せねばならぬ。静寂の中に守《も》り立てねばならぬ。これが諸師の志すべき僧侶としての功業である。なぜならば、民衆こそまさに神をはらめるものだからである。

（米川正夫訳）

ロシアの聖人の中でも、聖セラフィムは人々から最も親しまれ、また尊敬を集めた聖人であった。ロシア南部のクールスクの裕福な家庭に生まれた聖セラフィム（一七五九―一八三三）は、一七八六年、剪髪式を行なって修道士の誓いを立てた。彼はモスクワ東方のサロフの森に庵を建て、祈りと修行に明け暮れる生涯を送った。聖セラフィムは、ロシアの隠遁者の伝統を受け継ぐ聖者であった。聖セラフィムの謙遜《けんそん》と深い慈愛は多くの民衆に慰めを与えた。彼は人々の病を癒し、数々の奇跡を現わしただけでなく、森に棲む大小の動物にも慕われたといわれている。

〝生き方〟としてのキリスト教信仰

こうした聖人たちの中に生き生きとした形で表現されたロシア正教の信仰とは、どのようなものであろうか。その信仰の特徴を素描してみよう。

すでに前章でも触れたように、ロシアの年代記は、キエフ大公ウラジーミル一世がさまざまな宗教を比較検討した上で、ビザンチン帝国からギリシア正教を国教として受け容れたと伝えている。ウラジーミル一世がギリシア正教を選択したのは、このキリスト教がロシアの民に最も適合していると信じたからであった。ビザンチンのキリスト教は元来、ラテン世界のキリスト教のようには体系化も、組織化もされていなかったし、また厳格でもなかった。ビザンチンの教会は組織や規律にそれほど強い関心も寄せず、むしろ礼拝様式の美しさや荘厳さに夢中になり、また神の慈悲や寛大さを強調した。

ロシア人の民族的性格をあえて特徴づけるとすれば、彼らは情感に溢れ、芸術的なセンスに恵まれた民族であり、こうした意味で〝宗教的な〟民族であるといえよう。実際ロシア人は、思想であれ、哲学であれ、熱狂的に信仰し、しばしばそれらを一種の信仰告白という形で表現したのであった。ロシア人が得意とした表現形式は、論理的なものではなく、音楽や絵画といった芸術的な形態であった。彼らは神秘主義を好み、ロシア精神の「全一性」――彼らはそれを「ソボールノスチ」という言葉で表現した――を信じた。一九世紀ロシアの詩人、フョードル・チュッチェフ（一八〇三―七三）の言葉を借りれば、「ロシアは知性で理解することはできない」のであって、「ただ信じることができるだけ」なのだ。二〇世紀の哲学者ニコライ・ベルジャーエフもロシアは宗教的に、つまり「信・望・愛というキリスト教的徳目」をもってのみ理解されうるという。

キエフ大公ウラジーミル一世がこうしたロシア人の特性に相応《ふさわ》しい宗教としてギリシア正教を選択したとすれば、彼は正しい選択をしたといってもよいだろう。東スラヴの人々はこの新しい信仰を熱狂的に受け容れ、広大な領土に次々と金色のクーポラが輝く目にも鮮やかな寺院や修道院を建て、最も尊い「宝座」が置かれた至聖所を美しいイコン（聖像画）で飾っていった。鐘楼からは鐘の音が鳴り響いた。聖堂の中では聖歌隊が歌う荘重な聖歌が流れ、輔祭の朗々たるバリトンが、そして司祭の澄んだテノールが神の栄光を讃《たた》えた。その聖体礼儀は、オペラにも優る芸術性とハーモニーを醸《かも》し出していた。ロシア人は地上の苦海にあっても、聖堂に一歩足を踏み入れた途端に、神が統《す》べる天上の聖なる世界を実見し、霊的な悦《よろこ》びに満たされることができたのである。

東スラヴの地に住む人々の〝異教的〟背景も、それほど深刻な宗教的葛藤を経験することなく、彼らがキリスト教に改宗することを容易にした要因の一つであったといえよう。キリスト教以前のその信仰は一種の自然宗教であり、太陽、風、大地、そしてとくに雷といった自然現象の中に現われる神聖な力を崇拝した。中でも雷神（ペルーン）は、最も強力で、恐ろしい神と信じられていた。

彼らの宗教には、寺院も聖職位階制もなかった。彼らは死者と直接的に自由に交流し、森、川、野原、あるいは家に棲み着いた精霊や悪霊を信仰していた。その宗教は、必ずしも排他的ではなく、むしろ寛大なものであったのである。したがって、キリスト教導入後、東スラヴに〝二重信仰〟の時代がしばらく続いたとはいえ、血なまぐさい宗教戦争が戦われたわけではなかった。

〝土着主義〟の民族教会

ロシア人の間でキリスト教が急速に広まるのを可能にした、いま一つの要因が忘れられてはならないであろう。超民族的な普遍的教会を志向したローマ・カトリック教とは違って、元来ギリシア正教は「土着主義」を原則としている。このキリスト教はそれぞれの民族教会の自治独立権を尊重し、またそれぞれの民族語による礼拝を認めた。こうして、東スラヴの人々は神の福音を聴く場合も、また荘厳な祈禱を神に捧げる場合も、そもそも最初から自国語、すなわちスラヴ語によって行なうことができたのであった。

これに対して西ヨーロッパの諸国では多くの民族がローマ教皇という超民族的な宗教的権威の下にあり、何世紀もの間、ラテン語という一種の国際語を教会で使用していた。その結果、ラテン語文化圏が形成され、そうした文化的環境の中で西ヨーロッパに住む人々は思考のための論理を磨き、宗教的規律を学んだ。ロシア人はこうしたラテン文化の影響をほとんど受けることがなかったのである。

確かにロシア人もビザンチンからキリスト教信仰を受け容れ、キリスト教世界の一員とはなった。しかし、ロシア人のキリスト教信仰は、他の諸民族のそれとはいくつかの点で異なっていた。もとよりロシア人も他のキリスト教徒と同様、さまざまな聖伝——新旧聖書(天啓の書)、ニケヤからコンスタンチノープルまで七回を数えた全地公会の諸決定、地方公会の諸決定、聖師父(教父)が定めた規則書、教会法、そして信仰の証《あかし》として聖体礼儀で唱える一二ヵ条から成る信経(信経一二端、クレド)など——を信じた。

ロシア人はまたビザンチン教会にならってローマ教会の「首位権」を容認せず、教皇の権威を否定したとはいえ、高位聖職者——総主教および主教職——、教区司祭、修道士という三つの位階から成る「聖職位階制」を備え、「教区組織」をもってもいた。彼らはビザンチンから、荘厳さと美しさにおいて比類のない典礼を継承した。事実、今日のロシア正教会でも行なわれる一般的な聖体礼儀は、雄弁な説教者として名高い「コンスタンチノープル総主教」聖金口《きんこう》イオアン(ヨハネ・クリュソストモス、三四四?—四〇七)が定めたものである。

だがそれにもかかわらず、ロシア人はキリスト教を独自な仕方で、つまりギリシア風でも、ラテン風でもなく、ロシア風に理解し、解釈したのであった。キリスト教に対する彼らの態度は、ビザンチン教会ほどには哲学的ではなかったし、ラテン教会ほどには制度的でもなかった。ロシア人のキリスト教解釈は、より自然で直截であった。しかしその解釈には、キリスト教に対する新しい、そして深い洞察が含まれていた。というのは、ロシア人のキリスト教は、他の宗派によって必ずしも重視されなかった信仰生活の一面を強調していたからである。

ロシア正教会の十字架。イエス・キリストの足許には右上りの足台がある。これはイエスとともに処刑された二人の盗賊の運命を示している。悔い改めて罪の赦しを乞うた右側の盗賊は天国に上り、悔い改めなかった左側の盗賊は地獄に堕ちたということを表わしている。そして同じ理由から、一般にギリシア（ロシア）正教徒は、信仰の証《あかし》として十字を切る場合、まず上下に、次いでカトリック教徒やプロテスタントとは逆に右から左へと十字を描く。

信経

第一条　われ信ずひとつの神父《かみちち》全能者、天と地見ゆると見えざる万物を造りし主を
第二条　また信ず、ひとつの主イイスス・ハリストス神の独生の子、よろず世の前《さき》に父より生まれ、光よりの光、真《まこと》の神よりの真の神、生まれし者にて造られしにあらず、父と一体にして万物彼に造られ
第三条　われら人々のため、またわれらの救いのために天よりくだり、聖神《せいしん》及び童貞女マリヤより身をとり、人となり
第四条　われらのため、ポンティ・ピラトのとき十字架に釘うたれ、苦しみを受け葬られ
第五条　第三日《じつ》に聖書に適《かの》うて復活し
第六条　天に昇り父の右に坐し
第七条　光栄をあらわして、生ける者と死せし者を審判するためにまた来たり、その国終わりなからんを
第八条　また信ず、聖神・主・生命《いのち》を施す者、父より出で、父および子と共に拝《おが》まれ、ほめられ、預言者をもってかつていいしを
第九条　また信ず、ひとつの、聖なる公《おおやけ》なる使徒の教会を
第十条　われ認む、ひとつの洗礼、以《もっ》て罪の赦しを得るを

第十一条　われ望む、死者の復活
第十二条　ならびに来世の生命を、アミン
（『正教要理』日本ハリストス正教会教団）

ロシア正教会聖職者（神品）位階制

ロシア正教会聖職者	尊称	カトリック教会
総*主教（パトリアルフ）	聖下	総大司教
府主教（ミトロポリト）	座下	首都大司教
大主教（アルヒエピスコプ）	座下	大司教
主教（エピスコプ）	座下	司教
掌院（アルヒマンドリト）	尊師	修道院長
長司祭（プロトイエレイ）	神父	主任司祭
司祭（イエレイ）	神父	司祭
長輔祭（プロトジヤーコン）	尊師	
輔祭（ジヤーコン）	尊師	助祭
副輔祭（イポジヤーコン）	尊師	

誦経者	
堂役	
(修道士、修道女)	

＊総主教＝総大司教は、元来ローマ、コンスタンチノープル、アレクサンドリア、アンティオキア、エルサレムの五大使徒教会の主教＝司教に与えられた称号である。現在、「総主教座」をもつ教会は、コンスタンチノープル、アレクサンドリア、アンティオキア、エルサレム、ロシア、ブルガリア、セルビア、ルーマニア、アルメニア、グルジアなどカルケドン派と反・非カルケドン派を含めて一六を数える。

キエフ大公ウラジーミル一世の改宗

ロシアのキリスト教の基本的な性格は、すでにキエフ大公ウラジーミル一世の信仰生活の中にも見出されよう。改宗するまで自制ということを知らず、戦場を好み、大酒を浴びるように飲み、数人の妻妾に囲まれていたウラジーミル一世は、極端から極端に走るといわれるロシア人の例に洩れず、洗礼を受けるとたちまち生活態度を一変させた。かつて彼の宮廷では華やかな宴会がしばしば催された。だがいまでは、彼が関心を寄せたのは孤児、貧者、そして病人を救済することであった。また、それまで血を流すことに躊躇《ちゅうちょ》しなかったウラジーミル一世が、彼が治める広大な領土内で死刑を廃止した。彼がキリストの教えに導かれて、個々人の生命に宿る神性――神の似姿としての人間――を確信したからであるといわれている。千年に及ぶロシアの歴史はおびただしい犠牲で血塗られているように見えながら、他方でキリスト教徒としての信念によって死刑や拷問を禁止した大公や皇帝が輩出したことも事実なのである。

生き方の模範を示す聖人たち

「聖ボリスと聖グレプ」(14世紀、ロシア美術館)

ウラジーミル一世の息子で、ロシア最初の聖人となったボリス公とグレプ公の物語は、ロシア人の信仰生活を理解する上で有力な手掛かりを与えてくれるものである。ウラジーミル一世には一一人の息子があり、彼の死後、長子のスヴャトポルクが父の正統な後継者として一切の支配権を握ろうとした。そのために彼は多くの兄弟を亡き者にしようとし、最初の犠牲者として二〇歳にも満たない「ロストフ公」

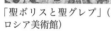

ボリスを選んだのであった。当時彼は、ウラジーミル一世から託された精鋭部隊の指揮官を務めており、武将としても高い評判を得ていた。しかしボリス公は長兄のスヴャトポルクに反抗する途を選ばず、一〇一五年、従容として死についたのであった。同時代の年代記は、死を目前にしたボリス公の悲嘆を生き生きと描いている。彼は干戈《かんか》を交えて他者を破滅に導くよりも、キリストにならって無実の苦しみと死を受け容れることで自らの信仰の証としたのである。彼の弟である「ムーロム公」グレプも、ボリス公の死から数日後に同じように無抵抗主義を守って犠牲となった。

ロシア人たちは、二人の若い公たちの行為に深く心を動かされた。彼らの行為は、キリスト教会の歴史においてもかつてないことであった。ビザンチンからロシアに赴任していたギリシア人の高位聖職者たちは、二人の兄弟の死を愚行であると非難した。だが、ロシア人の判断は違っていた。彼らは、二人の公の自発的な死は真にキリスト教的な行為であり、悪に報いるに善をもってするというキリストの教えの実践であると主張したのである。ロシア人の世論の圧力によって、教会指導者たちも考えを改めなければならなかった。

一〇二〇年、ボリスとグレプはロシア最初の聖人に列せられた。この兄弟は、今日のロシアにあっても人々に愛される聖人である。というのも「致命者（殉教者）」の名で呼ばれる二人の聖人は、キリスト教徒としての〝生き方〟の模範をロシア人に教えていると考えられているからである。

慈悲と自己卑下の生き方

ボリスとグレプの受難は、キリスト教信仰がどのようにロシアの肥沃な土壌に根づき、ロシア人に受け容れられたかを示している。キリストの教えは、ロシアでは教義の体系や制度としてではなく、何にも増して生き方として理解されたことが指摘されなければならない。ロシア正教のこうした特徴は、初期のロシア修道院の活動の中にも見出されよう。

有名なキエフのペチョーラ洞窟大修道院の創立者、聖フェオドシー（？―一〇七四）は、修道院活動の中心を公共的な問題に置いた。彼は貧しい人々に救いの手を差し延べただけでなく、しばしば諸公間の争いを調停してロシアを破局から救った。聖フェオドシーは聖職者に対して霊的な問題だけでなく、世俗的な問題についても人々を助けるように訴えた。彼は、人間生活のすべての面が「福音の光」に照らされることによって、初めて人は真に幸福になると信じていた。聖フェオドシーが始めた伝統は、ロシア修道士の模範となり、ロシア修道院の基本原則となった。

キエフ・ルーシ時代の最も優れた君主であった「キエフ大公」ウラジーミル二世（モノマフ、在位一一一三―二五）は、ロシア正教徒の理想を明確に示している。当時のヨーロッパの君主の中でも抜きん出た教養人であった大公ウラジーミル・モノマフは、戦場にあっては勇猛果敢な武将であり、公正で慈悲深い為政者であり、芸術や学問の良き理解者であった。

彼はまたキリストの教えを忠実に守った献身的なキリスト教徒でもあった。キリストの名において彼は、当時にあっては正当な行為と考えられていた復讐を許さなかったし、罪人を極刑に処すことも認めなかった。

ウラジーミル・モノマフ大公が子孫のために書き残した『庭訓《ていきん》』には、キリスト教信仰を基礎とした彼自身の人生哲学が生き生きと描かれている。彼は自分の人生を回顧しながら、キリストの教えに従うように繰り返し訴えて、次のように書いている。

まず第一に、神と自らの魂のために、心に神への恐れをもち、惜しまずに施しをなせ。これこそあらゆる善行のはじまりであるから。

……まことに、わが子らよ、人間を愛される神がいかに慈悲ぶかいか、いかに比類なき慈愛をたれたもうか、わかってほしい。……われらの主は、懺悔と涙と施しの三つの善行をもってわれらが悪魔に打ち克ち、その手からのがれるすべを示されたのだ。わが子らよ、……どうか、この三つの徳行を忘れず、一心にはげんでほしい。

……わが子らよ、……われらに慈悲をたれたもうた神をたたえるがよい。

……何よりもまず貧しい者たちのことを忘れるな。力の及ぶ限り彼らに食物を与え、孤児には施しをなし、寡婦を庇護し、強者が他人をしいたげるのを許すな。正しき者をも悪しき者をも殺してはならぬ。殺させてもならぬ。……地上に蓄えをもつな。それはわれらにとって大いなる罪である。老人を父のごとく、また若者は兄弟のようにうやまえ。

（中村喜和編訳、『ロシア中世物語集』）

これが、キリスト教を受け容れて間もないロシアの〝公〟が、子孫に書き伝えようとした教訓であった。ここにも、キリストの教えが生き方として、すなわち人が慈悲と自己卑下の精神において生きるべき生き方として受けとめられたことが示されている。その教えはこのような形で確かにロシア人の血と肉となり、千年のロシア史を育んできたのである。

第三章　ロシア愛国主義の源流

ネヴァ河の会戦七五〇周年記念祭

モスクワ総主教庁機関紙『モスクワ教会報知』（一九九〇年七月）は「希望を与えた日」と題して「ネヴァ河の会戦七五〇周年記念祭」が催されたことを報じ、「……信徒、将校そして兵士、すなわちロシアの全愛国者を団結させる祈禱」が捧げられたことを伝えた。一九九〇年七月一四日、総主教に着座したばかりのアレクシー二世はレニングラード（サンクト・ペテルブルグ）に赴き、聖アレクサンドル・ネフスキー大修道院内の聖三位一体聖堂で感謝祈禱（モレーベン）を執行した。そして、同聖堂に安置されていた「尊貴なる聖アレクサンドル・ネフスキー公」の聖遺骸が聖公ウラジーミル教会に移され、さらにそこから聖アレクサンドル・ネフスキー聖堂まで、聖歌が流れる中を「十字行」の行進とともに運ばれた。

このアレクサンドル・ネフスキー聖堂は、七五〇年前に「ノヴゴロド大公」アレクサンドル（一二二〇―六三、のちにウラジーミル大公）がスウェーデン軍を打ち破った、まさにその場所に建立された教会であった。聖堂の前で「母国のために戦場で倒れた将兵の霊を慰める追善祈禱（パニヒダ）が捧げられた」。その後、聖アレクサンドル・ネフスキーの聖遺骸は再び聖三位一体聖堂に戻され、総主教による徹夜の祈禱が執り行なわれた。

翌一五日——七五〇年祭の当日、総主教は「ロストフ府主教」ウラジーミル（のちにキエフおよびガリツィヤの府主教）ら多くの聖職者とともに聖体礼儀を行なった。そして聖アレクサンドル・ネフスキーの聖遺骸が納められた聖龕《せいがん》を総主教をはじめ聖職者たちが担いで、市の中央まで十字行が進み、そこで多くの市民やレニングラード軍管区の将兵の歓迎を受けた。総主教アレクシー二世、レニングラード市ソヴィエト議長（当時、のちにサンクト・ペテルブルグ市長）A・ソプチャク、続いて若干名のアレクサンドル・ネフスキー勲章（一九四二年制定）佩用者《はいようしゃ》が演説したのであった。

聖アレクサンドル・ネフスキーは、国難を救ったロシア最高の国民的英雄であるだけでなく、ロシア正教会によって列聖された聖人でもある。総主教アレクシー二世は、ロシア民族主義の新聞『カヴァレル（騎士）』紙上で聖アレクサンドル・ネフスキーの「キリスト教的、愛国的献身」について次のように語っている。


その四三年の生涯は、同胞に対する奉仕、祖国への献身に捧げられた。彼の生涯は……三方の敵に包囲された国難の時代、まずはモンゴルのキプチャク汗国を懐柔し、ロシアと正教キリスト教を守り抜いた英雄のそれとして特別な意味をもっている。卓越した軍司令官であると同時に、常に正教会のよき息子であった。

聖アレクサンドル・ネフスキーにまつわる記念祭の挙行は、アレクサンドルの存在自体と彼の愛国的行為が、ソヴィエト体制下においてさえ依然として今日的意義を失っていなかったことを物語っている。しかもそれがロシア正教会を中心として行なわれたという事実のうちに、近年のソ連邦＝ロシアが陥った危機的状況の中で教会が担おうとしてきた役割の基本的性格を見ることができよう。

モンゴルの襲来とキエフ・ルーシの衰退

一一世紀も半ば頃になると、東スラヴの地に最初の政治的統一を実現したキエフ・ルーシも没落の兆しを見せはじめた。東スラヴ族の支配者として君臨したスカンディナヴィアのヴァイキング出身の「リューリク家」の諸公間の対立、クマン人あるいはポロヴェッツ人と呼ばれたタタール系騎馬民族のたび重なる攻撃、東西貿易の中心がドニエプル水系からイタリア人が支配する地中海に移ったことなどが、キエフ・ルーシ衰退の要因として挙げられよう。さらにキエフ・ルーシに致命的な一撃を加えたのが、一三世紀に東方から怒濤《どとう》の勢いで襲って来たモンゴル人の侵略であった。一二四〇年、キエフはモンゴル人によって征服され、以来東スラヴ族は二世紀余りにわたって異民族の支配下に置かれることになる。キエフに代わって北方の都市ノヴゴロドが、次いで北東のウラジーミルがロシアの中心となり、それとともにキリスト教が北と北東に広がった。その後次第にロシアの経済活動の中心は都市から農村に移り、それとともにモスクワが歴史の舞台に登場してくることになる。

当然のことながら、モンゴル人のロシア支配は極めて苛酷なものであった。ロシア人は強制的にモンゴル軍に徴兵され、独立への微《かす》かな動きも無慈悲に抑圧された。都市が荒廃したために、農業が経済活動の中心となった。長年にわたって培われてきた多くの貴重な技術が失われ、そして商業活動が衰退した。またそれまで諸公の権力を抑制する重要な役割を果たしていた「民会（ヴェーチェ）」なども解体した。モンゴル人の支配によるルーシ諸都市の崩壊は、経済の衰退をもたらしただけでなく、ロシアの政治システムに痕跡をとどめていた一種の民主制をも根こそぎ破壊してしまったのである。

「モンゴル＝タタール軍による農村の焼き打ち」（17世紀写本より）

しかしながら、モンゴルの支配は当初は宗教に対して寛容であった。実際、ロシア正教会は「モンゴル＝タタールの軛《くびき》」という苦難の時代にロシアの精神的な支えとして人々の支持を受け、むしろその勢力と影響力を増大させたのである。とりわけ農民の間にキリスト教は急速に広まっていった。そして農村におけるロシア正教会の発展に重要な役割を演じたのが、この時期に著しい発達をみた修道院であった。

アレクサンドル・ネフスキーの選択

ネヴァ河の会戦におけるアレクサンドルの勝利は、東の異教モンゴルと西のキリスト教ヨーロッパとに挟撃されたロシアが、両世界をどのように捉え、理解したかを明確に示したという意味で非常に興味深い出来事である。われわれは、すでにこの時点でロシア人がローマ・カトリック教会のヨーロッパに決定的な不信を抱いていたこと、そしてあえていえば、一つの「イデオロギー選択」を彼らが行なったことを知るのである。

すでに述べたように、『原初年代記』によれば、キエフ・ルーシにキリスト教を導入したキエフ大公聖ウラジーミルは四つの大宗教の中から、とくにギリシア正教を選んだという。以来、ロシアは分裂の危機にいく度となく見舞われながら、反カトリシズム、反ユダヤ教、そして反イスラムの立場を貫き、ロシア正教の教義と教会を中心として文化と政治の統一を保ってきたといえるだろう。その意味で、アレクサンドルの勝利は象徴的な出来事であった。

ロシアがモンゴルによって征服されたとき、折しもその間隙を衝くように背後の北西から相次いでキリスト教徒のスウェーデン人と、チュートンおよびリヴォニアの騎士団が攻撃を開始した。いわばロシアは、東西両世界から挟撃されたのであった。ノヴゴロド大公アレクサンドルの決断は素早かった。彼は直ちにモンゴルと和議を結び、ロシア軍を結集して一二四〇年と一二四二年の戦いで北西ヨーロッパからの侵入者を撃退した。アレクサンドルは、ネヴァ河でスウェーデン軍を打ち破った一二四〇年の戦いを讃《たた》えられて「ネヴァ河のアレクサンドル」、すなわちアレクサンドル・ネフスキーの称号を得た。そして彼はまた、正教キリスト教を守護した英雄として教会から聖人に列聖されたのである。

クリコーヴォ戦勝六〇〇年祭

一九八〇年九月一四日、「クルチッツおよびコロムナの府主教」ユヴェナリーが主宰する聖体礼儀とともに、一週間に及んだクリコーヴォ戦勝六〇〇年祭の祝典が始まった。最終日には総主教ピーメンが、モスクワ近郊ザゴールスクの聖三位一体セルギー大修道院で「クリコーヴォ平原で母なる祖国に生命を捧げたロシアの戦士たち」のためにパニヒダ（死者のための追善祈禱）を行なった。当時のロシア正教会機関誌『モスクワ総主教庁ジャーナル』（一九八一年二

「アレクサンドル・ネフスキーのチュウド湖でのリヴォニア騎士団との戦い」（17世紀写本より）

号）は祝典の模様を次のように紹介している。

今年九月二一日、生神女マリア生誕祭のよき日にロシア正教会は全国民とともに、……タタール・モンゴルのママイ汗の支配に対するロシアの戦勝六〇〇年祭を祝った。この歴史的な日付は、わがロシアの愛国心の目覚めを刻印した、わが国の歴史における画期的な出来事である。ネプリャドヴァ河とドン河の畔でディミートリー・ドンスコイ大公が勝ち取った勝利と結びつく一切の事柄は、深遠なロシア愛国主義のよき事例を示している。全ロシア国民に文化的、歴史的な位置付けを明らかにし、文化創造の使命を付与したこの運命的な勝利が、いま再び聖三位一体セルギー大修道院で霊感を吹き込まれたのだ。

実際、クリコーヴォ戦勝六〇〇年祭は、ソヴィエト体制下、とくに八〇年代におけるロシア民族主義の台頭を画した出来事として注目すべき記念行事であった。無惨な大敗北に終わった「アフガニスタン侵攻」の翌年に教会を中心として行なわれた六〇〇年祭を契機として、ロシア民族愛国主義にとどまらず、反コスモポリタニズムや反ユダヤ主義の論調がソ連邦のマスコミに公然と現われるようになったからである。さらに一九八八年の千年祭に際して、すでに触れたように、ロシア正教会はディミートリー・ドンスコイを列聖した。こうしたところにも、モンゴルの支配からの解放戦争に先頭を切った愛国者ディミートリー・ドンスコイと教会との特別な結びつきとともに、ロシア愛国主義の鼓吹者としての教会の姿を見て取ることができよう。

精神的指導者ラドネジの聖セルギー

いまを去ること六〇〇年前の一三八〇年八月一八日のことである。モスクワ大公ディミートリーはすでに初秋の気配が漂うラドネジの修道院を訪ねた。タタール人が国境を越えて侵入を開始したときである。ロシア軍はモスクワ南のコロムナに集結し、進軍の合図をいまや遅しと待ち構えていた。ロシアの運命を左右する厳粛で決定的な瞬間である。武器を棄て、タタール人の慈悲にすがることもまだ可能であったし、生命を的《まと》に戦うこともできた。ディミートリー大公をはじめ誰もが判断を誤ることを恐れていた。彼はラドネジの聖セルギーに会うためにやってきたのであった。

「ディミートリー・ドンスコイに祝福をおくるラドネジの聖セルギー」

ラドネジの修道院長聖セルギー（一三一四―九二、俗名ヴァルフォロメイ）は、ロシア国民の宗教的、文化的発展のための基礎を築いた教会指導者として、ロシアで最も尊敬を集めている聖人である。聖セルギーの精神的影響は広範かつ深遠であり、時代を超えて現代ロシアの精神世界にも訴える力をもっている。

聖セルギーは一三一四年、タタールの支配下にあったロストフで生まれた。両親は戦火に追われて故郷を棄て、モスクワ北方のラドネジと呼ばれた寒村に逃れた。彼らはそこで農民となった。聖セルギーが農民の喜びや悲しみをよく知る「ロシア農民の聖人」と呼ばれるのも、両親のこうした苦難の生涯とも無関係ではない。

少年時代のヴァルフォロメイ（セルギー）はスラヴ語の聖書と祈禱書で読み書きを学んだ。二〇歳になって彼は兄のステファンとともに、村はずれの森に入り、そこに小さな庵と礼拝所を建てた。二人は生涯を祈りと瞑想のうちに過ごすことを望んだのである。しかし、野獣の危険や食料の欠乏、そして厳しい冬の寒さは、兄ステファンには耐えられなかった。彼は既設の修道院に去り、ヴァルフォロメイが一人森に残った。数年間彼は誰にも知られることなく、試練と窮乏の歳月を過ごした。彼の魂は信仰によって打ち固められ、神とその民に人生を捧げる準備が整ったのである。

ヴァルフォロメイの存在はある日農民たちによって発見され、間もなく人々が教えを求めてこの隠者の周りに集まるようになった。彼の篤い信仰と慈愛に惹かれてやって来る人々の数は徐々に増えはじめ、ついに彼はその集団の長に選ばれた。

当時のロシア正教会首座「モスクワ府主教」聖アレクシー（在位一三五三―七八）も彼に

強い関心を抱いた一人であった。聖セルギーは府主教の求めで、諸公たちの間で頻発していた内紛を収拾するためにしばしば出向くようになった。アレクシー府主教は自分の後継者に彼を指名しようとさえしたが、聖セルギーは応じなかった。彼の望みは管理することではなく、奉仕することであったからである。

モスクワ大公への勝利の助言

ラドネジのセルギーの名は次第にロシア中に広がり、国民的な精神的指導者として敬愛されるようになった。「モンゴル＝タタールの軛」に呻吟していたロシアを解放する戦いに挑んだモスクワ大公ディミートリーが、助言と支援を彼に求めたのはまさにこうした事情からである。当時モスクワ大公国は、他の諸公国に比して強固な政治的統一を保持し繁栄を謳歌していた。ディミートリー大公が自領のモスクワの周囲にタタールが禁止していた城壁（クレムリン）を築こうとしたとき、キプチャク汗国のママイ汗（?―一三八〇）はこの反抗的な公に見せしめの罰を科すために四〇万の軍を差し向けた。一三世紀のモンゴルの侵略の場合と同様に、東のモンゴルから加えられたロシア攻撃は西欧世界の支持を受け、リトアニア大公、ポーランド王ヤガイラ＝ウワディスワフ二世や地中海交易の中心であったジェノヴァ共和国がタタール人に援助を与えた。モスクワ・ロシアは、独力で恐るべき〝腹背の敵〟と対峙《たいじ》しなければならなかったのである。

モスクワ大公ディミートリーは必ずしも偉大な支配者というわけではなかったが、ロシアにとって危急存亡のこの決定的な秋《とき》に見事にその使命を果たしたことによって英雄となった。彼はあらゆる必要な軍備を整え、他のロシア諸公と同盟関係を結び、彼ら相互の反目を取り除いた。そして最後の判断を、聖アレクシー亡き後のロシアの国民的良心であった聖セルギーの助言に仰いだのである。

一四世紀初頭、タタール人がイスラム教に改宗して以来、ロシア正教会に対する彼らの寛大な態度は次第に敵対的なものに変わっていた。タタール人に対するモスクワの敗北は、教会の破壊とキリスト教徒への容赦ない弾圧を、そしてロシア人の虐殺をもたらすであろう。タタールへの屈伏はルーシの公たちの死と国民の道徳的頽廃を意味するのだ。屈伏の汚辱に塗《まみ》れるのか。数少ない勝利のチャンスに賭けるのか。いずれかの決断を求めて、人々の眼は僻村に住む一人の修道士に注がれた。

いつもは控え目な聖セルギーも、この厳粛な瞬間に断固とした態度でモスクワ大公を迎えた。彼はディミートリー大公に祝福を与え、勝利を約束した。聖セルギーはディミートリーを激励して、南の平原で敵の攻撃を迎え撃つように勧めた。

「前進せよ。恐れるなかれ。主は汝らを助け給わん!」

クリコーヴォ平原の戦い

八月二〇日、ロシア軍は南に向かって出発した。ロシア全土から人々が馳せ参じた。モスクワ、ウラジーミル、セルプーホフ、ロストフ、プスコフ、ムーロム、そしてスーズダリの公たちが結束して進軍するのを、ロシアが見るのははじめてのことであった。ロシア軍は八月二六日、オカ河を渡った。九月六日にはドン河に達した。軍議が開かれ、渡河すべきか否かが論議された。

慎重論に反対して、モスクワ大公はさらに南の平原に進軍するように命じた。ステップの真ん中で敵を迎え撃つことを決定した瞬間に、ディミートリー大公はロシアの英雄となった。彼の決断は、ラドネジの聖者の助言によるものであった。ラドネジから聖セルギーの使者が到着した。ディミートリー大公とロシア軍将兵宛てのメッセージが彼らを奮い立たせた。「われらの主を疑うなかれ。信をもって進み、凶暴なる敵に当たれ。恐れるなかれ。神は汝らとともにあり！」。

一三八〇年九月八日、両軍はついに遭遇した。クリコーヴォ平原の戦いはロシア史に前例を見ない戦闘であった。四〇万の遊牧民が馬とらくだを駆って、三日月の旗を押し立てて、正教会の聖十字架の下に集まったロシア軍と相対峙したのであった。クリコーヴォ平原の戦いは、ロシア正教会の立場からすれば、八世紀初めフランク王国の宮宰カルル・マルテル（六八九―七四一）がイベリア半島からさらに北上しようとしたアラブのイスラム教徒を打ち破った「トゥール・ポアティエの戦い」（七三二年）と歴史上よく似た位置を占めているといえよう。

クリコーヴォ平原の戦いは激烈で、両軍の犠牲者はおびただしい数に上った。最初はタタール軍が優勢であった。しかし、退却したロシア軍の主力に対する追撃をタタール軍が開始した途端にロシアの予備軍が反撃し、戦いの帰趨《きすう》は逆転した。聖セルギーの予言が成就されたのである。イスラム教のタタールに、キリスト教ロシアが勝利したのであった。ディミートリー大公はその勝利を讃えてディミートリー・ドンスコイ（ドン河のディミートリー）の称号を与えられた。

異民族支配からの解放

クリコーヴォ平原の勝利は、しかし、「モンゴル＝タタールの軛」に終止符を打ったわけではなかった。不幸な前任者ママイ汗を殺害してその後を襲ったティームールの部将トフタムイシ汗は、反撃に転じて、モスクワを攻撃した。彼はディミートリー公が不在の隙に乗じて、モスクワ市民と休戦協定を結び、油断させた上で住民を虐殺した。「モンゴル＝タタールの軛」からのロシアの解放は、イヴァン三世（在位一四六二―一五〇五）の治世までさらに一〇〇年という歳月を要したのである。

しかしながら、ディミートリー大公の勝利はロシア人とタタール人との関係を決定的に変えるものであった。それまで無敵と思われていたタタール人を、ロシア人は恐れなくなったからである。ロシア人にとってその勝利は、タタール支配からロシアを解放する第一歩であった。

聖セルギーの〝奇跡〟は、それまで打ちのめされ、隷属を強いられていたロシア人を奮い立たせ、異民族支配からの解放に目覚めさせたことであった。彼は生涯謙遜で、控え目な人であったにもかかわらず、当時のロシア人たちは彼を「ロシアの教師」「解放者」と称えたのであった。聖セルギーは自らの信仰の証として、ラドネジに聖三位一体セルギー（トロイッツェ・セルギエフ）大修道院を開設した。

一九七九年に開始されたソヴィエト軍のアフガニスタン侵攻の翌年という特殊な状況下であったとはいえ、クリコーヴォ平原の勝利を祝う六〇〇年祭がロシア各地で正教会を中心に盛大に挙行された事実は、聖セルギーと聖ディミートリー・ドンスコイが聖アレクサンドル・ネフスキーとともに、「ロシア救国の英雄」として、今日にいたるまでいかに人々の尊敬を集め、そしてロシア愛国主義の精神的支柱となってきたかを物語っているといえよう。

第四章　第三のローマ＝モスクワ

モスクワの台頭とビザンチンの衰退

一九八九年一〇月、ロシア正教会は「総主教制確立四〇〇年祭」を盛大に祝った。ロシア正教会は、東方キリスト教世界で「世界総主教（エキュメニカル・パトリアルフ）」を戴くコンスタンチノープル（イスタンブール）、そしてアンティオキア、アレクサンドリア、エルサレムという四つの「使徒教会」に続く第五位の格を有している。ロシア正教会の総主教制の確立は、モンゴル支配下のロシア（ルーシ）におけるモスクワの台頭とロシア帝国の誕生と深く結びついていた。この点に、〝民族教会〟としての、そして同時に多民族を包摂する〝帝国教会〟としてのロシア正教会の基本的な性格を見出すことができるのである。

一四世紀になると、タタールの支配から立ち直ることのできなかったキエフ・ルーシに取って代わってモスクワが政治にとどまらず、宗教上の優位を確立した。一三二八年、「モスクワ公」イヴァン一世カリター（金袋公、在位一三二五―四〇）は、タタールから「大公（ヴェリーキー・クニャージ）」の称号を許された。これに先立って府主教ピョートル（在位一三〇八―二六）は、府主教座をかつてノヴゴロドとともに栄えたウラジーミル大公国からモスクワ公国に移し、宗教法上の首座教会の地位をモスクワに置いていた。さらにモスクワの重要性を決定的なものにしたのが、すでに述べた尊師ラドネジの聖セルギーとモスクワ大公ディミートリー・ドンスコイのクリコーヴォの会戦であった。

モスクワの優位が確立されるまで、ロシア正教会はコンスタンチノープル総主教の監督下にあり、しかもロシア正教会首座の「府主教」はほとんどがロシア人ではなく、ギリシア人であるというのが実情であった。しかし一五世紀半ばにいたって、ビザンチン帝国を取り巻く国際環境が激変した結果、ロシア正教会は次第にビザンチンの支配から解放されることになる。

当時のビザンチン帝国は、首都のコンスタンチノープルを除いて領土の大部分をオスマン・トルコに征服され、かろうじて命脈を保っているにすぎなかった。自力ではオスマン・トルコに対抗する能力をもたなかったビザンチン帝国が援助を期待した相手は、結局のところ、ローマ・カトリック教会が支配する西ヨーロッパであった。しかし、彼らが待望した〝キリスト教ヨーロッパ〟の援助には代償が必要であった。その代償とは、四世紀前の一〇五四年――ローマ教皇レオ九世（在位一〇四九―五四）が東方教会に破門状を叩きつけた――に決定的な教会分裂を招いた四つの争点――教皇の権威を認めること、聖餐用にパン種のないパンを用いること、煉獄*の教義、そして信経におけるいわゆる「フィリオクエ**（聖霊が「子からも」降るとする教義)」の承認――をギリシア正教会側が譲歩して、ローマ・カトリック教会の主張に屈伏することであった。

＊「煉獄」とは天国と地獄との中間にあって、生前の罪が浄化される望みがある浄罪界のことで、ローマ・カトリック教会の信仰の一つである。

＊＊ニケヤ・コンスタンチノープル信経（第二章五六ページを参照）と呼ばれる信仰宣言（三八一年）の中で、「聖神（聖霊）」が「父より出で」を、東方教会が「子を通して父より」出ると解したのに対して、ローマ教会は「父および子より」出ると理解したのである。

フィレンツェ公会議とコンスタンチノープル陥落

こうした中でイタリアはフィレンツェで一四三八年、東西両教会の代表者が集まって公会議が開催された。世にいうフィレンツェ公会議である。翌一四三九年、東方正教会使節団の大多数は東西両教会の再統一に関する協定に調印した。しかしその合意は、ロシア本国のロシア正教会信徒たちの承認を受けなかった。ロシア正教会の代表として公会議に出席し、統一に賛成したギリシア人の「モスクワ府主教」イシドール（在位一四三六―四一）は、モスクワに帰任すると直ちに捕らえられ、後に追放された。イシドールはローマに逃れ、ローマ・カトリック教会の枢機卿に就任した。

こうした事態はロシア人にとって、完全な自治独立権をもつロシア人の教会を確立する絶好のチャンス以外の何ものでもなかった。「モスクワ大公」ヴァシリー二世（在位一四二五

―六二）は一四四八年、コンスタンチノープル総主教教会から独立した正統的なロシア正教会首座を選出するためにロシア人主教会議を招集した。主教会議は、「自治独立権（アフトケファーリヤ）」をもつロシア正教会の「初代府主教」としてロシア人の主教イオナ（在位一四四八―六二）を選んだ。

期待されたヨーロッパからの軍事的援助が来ないうちに、コンスタンチノープルは一四五三年五月、勇猛果敢な若い第七代スルタン、メフメット二世（在位一四五一―八一）の率いるトルコ人の軍門に降った。最後のビザンチン皇帝コンスタンティヌス一一世（在位一四四九―五三）は、その名にふさわしい英雄的な死を遂げた。この世のものとも思われない壮麗さでロシア人を魅了したハギヤ・ソフィア大聖堂は、いまやイスラム教徒が集う〝モスク〟に変わってしまった。

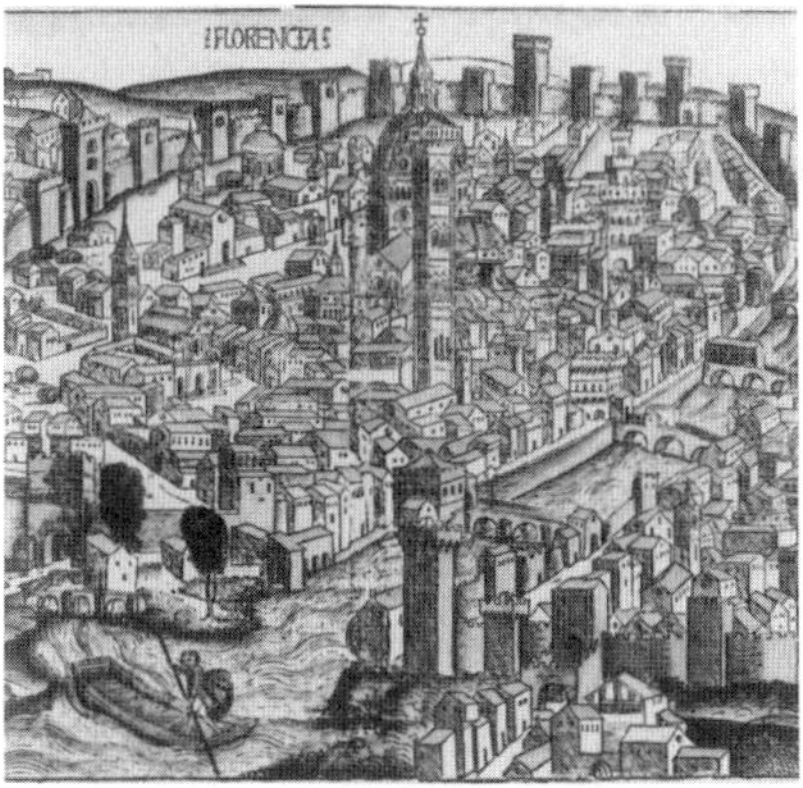

16世紀ごろのフィレンツェ。中央に見える教会がフィレンツェ公会議の舞台となったサンタ・マリア・デル・フィオーレ大聖堂。

　正教キリスト教を奉じたロシア人にとって、トルコ人によるコンスタンチノープル陥落とビザンチン帝国の崩壊は、「主神《しゅかみ》」が一四三九年の東西両教会の妥協を祝福しなかった証拠以外の何ものでもなかった。ロシア人たちは、真のキリスト教信仰はロシアでこそ花開き、実を結ぶと信じて疑わなかった。以後、ロシア正教会は〝自前の〟ロシア人指導者を選ぶという独立路線を歩んでいくことになる。

第三のローマ＝モスクワ

こうしてモスクワが次第に、正教世界の中心として台頭しはじめるのである。一四七二年、ビザンチン皇帝コンスタンティヌス一一世の姪ゾエ（?—一五〇三）がモスクワ大公イヴァン三世に嫁ぎ、その結果旧ローマ皇帝一族とモスクワ大公との間で縁戚関係が結ばれた。この事実は、ロシア人たちにとって特別な意味をもつものであった。ビザンチン帝国の国章「双頭の鷲」はモスクワ大公国の国章となった。

さらに一四八〇年、モスクワ遠征を試みたキプチャク汗国最後の汗アフマト（—一四八一）は撃退され、モスクワ南西のウクラ河に敷いた陣を引き揚げた。こうしてロシアの悲願は達成された。「モンゴル＝タタールの軛」は終焉《しゅうえん》し、モスクワ大公国は完全な主権国家となった。これら二つの事件は、ロシアの〝聖〟と〝俗〟の世界——教会と国家——に決定的な影響を及ぼした。「第三のローマ＝モスクワ」の理念も、このような背景の下に登場してくることになる。

一六世紀初頭、プスコフのエレアザロフ修道院の修道僧フィロフェイ（？—一五四二）はモスクワ大公ヴァシリー三世に宛てて有名な公開書簡を発表した。その中でフィロフェイが謳い上げた「第三のローマ」の観念は、ビザンチン帝国の滅亡によって精神的孤立に陥ったロシアの不安と、ビザンチン帝国の正統的な継承者をもって任じたロシアの自負心とが交錯する、当時のロシア人の複雑な心理状態を表現するものであった。フィロフェイは次のようにいう。

心に留められよ、敬虔なるツァーリよ！　二つのローマは没落し、第三のローマたるモスクワはここにあり、第四はありようがありません。汝のもてる王国のわれらが全世界教会は、いまやひとり太陽よりも輝かしく全宇宙に光被《こうひ》しています。全ての正教王国はあなたの唯一の王国のもとに集まり、全世界にあってあなた一人がキリスト教徒のツァーリであります。

「第三のローマ＝モスクワ」の信仰は、一五八九年に「モスクワ府主教」イオフが初代の「モスクワおよび全ルーシの総主教」（イオアン、在位一五八九—一六〇五）に叙聖されたとき、いっそう強められた。モスクワ教会はコンスタンチノープル、アレクサンドリア、アンティオキアそしてエルサレムという聖使徒以来の「総主教座教会」と並ぶ地位を獲得したからである。

フョードル帝の治世

絶対的権力を振るった恐るべき専制君主イヴァン四世（雷帝）の後を受けて帝位に就いたのは、二七歳のフョードル（在位一五八四―九八）であった。この小柄な、いつもおどおどした青白い顔の新皇帝は、精神的にも肉体的にも、広大な帝国を支配するのに必要な能力をもたなかった。フョードル帝は、ロシアのいわゆる「キリストのユロジヴィ」と呼ぶにふさわしい人物であった。

しかし、フョードルの一四年に及んだ治世はかつてない平和と繁栄を経験した。帝国を統治する仕事は、彼の妃の兄であり、後に帝位に上った執政ボリス・ゴドゥノフ（一五五二―一六〇五、ツァーリ在位一五九八―一六〇五）に委ねられていた。しかしフョードル帝は、流血、残酷な拷問、抑圧は断じて許さなかった。五〇〇年にわたってこの国を統べてきたリューリク家の歴代の公や大公たちは、英雄的な働きでロシアに繁栄をもたらしはしたが、他方で血で血を洗う権力闘争に明け暮れ、しばしば多くの人々を不幸や悲惨な死に陥れた。だがフョードル帝の治世は、イヴァン雷帝の恐怖政治に打ちのめされていた臣民に一時の安らぎと慰めを与えたのであった。そしてこの時代の最大の収穫が、モスクワの府主教がついに「総主教」の地位を獲得したことであった。

リューリク王朝最後の皇帝となるこの青年は、地上の世俗的な出来事にはほとんど関心をもたなかった。フョードル帝は父イヴァン雷帝に嫌われ、しばしば家臣からも疎んじられて君主として遇されることがなかった。イヴァン四世は彼を評して「寺男の子」と呼んだものである。だが、フョードルは幼児のような、汚《けが》れのない〝魂〟をもった人物であり、彼にとっては神に祈ることだけが唯一の関心事であった。フョードル帝は明らかに、ロシア人が神の特別な恩寵と保護の下にあると信じた「キリストのユロジヴィ」そのものであったのである。

キリストのユロジヴィ

ロシアのユロジヴィ（「流刑されるモロゾヴァ夫人」部分、スーリコフ画、1867年）

ロシアのユロジヴィの中のある者は生まれつきの知的障害者であり、俗なる地上世界とは無縁な、そして無用の存在と見なされていた。しかしユロジヴィは、人間よりも神こそが偉大であること、そして神の愛と恩寵によって無力な彼らも偉大な事業をなしうることをしばしば自ら証明して見せたので、人々の尊敬と信頼を集めたのであった。こうしたユロジヴィがロシア全土に出没した。彼らの多くは素足でぼろを纏い、ロシアの厳寒や吹き荒さぶ嵐に堪えながら、村から村へと巡礼の旅を続けた。彼らは健常者が知ることのない何か特別な、この世のものではない力によって暖かく包まれ、導かれているように見えた。彼らのひたむきな祈り、純粋で汚れのない信仰、そして心底からの「自己卑下」が、ロシアの聖なる世界を表現していたといえよう。

粗野で無教養な、時には不道徳的であるとさえ見られていたロシアの臣民も、彼らの〝父〟なるツァーリ・フョードルが罪深い彼らのために祈り、彼らの苦しみを背負ってくれるという思いで慰められた。早朝、モスクワの住民はクレムリンの鐘楼から流れる大鐘の音に眠りを覚まされるのが常であった。ツァーリ・フョードルが巧みに奏でる鐘の音は、モスクワの市民に神に祈るように訴えていた。彼らは弱々しい、善良なフョードルを敬愛し、彼に全幅の信頼を寄せた。ロシア正教会が総主教制を確立し、東方正教キリスト教世界で揺るぎない地歩を築いたのが彼の治世であったという事実は、執政ボリス・ゴドゥノフの強力な指導があったとはいえ、決して偶然ではなかったのである。

モスクワ総主教座の獲得

モスクワ大公が東ローマ帝国の副帝を意味する「ツァーリ（シーザー）」の称号を帯びるようになってから、それまで「府主教座（ミトロポリト）」教会でしかなかったモスクワ教会に完全自治独立権を有する「総主教座（パトリアルフ）」を確立することがロシア人の強い願望となった。ビザンチン帝国の伝統は、皇帝の戴冠は総主教による「傅膏《ふこう》の機密（塗油の秘跡）」を必要とすることを定めていた。キリスト教世界における「王」は、「主の油塗られし者」としてその権威を認められた。ロシア教会が総主教を戴かなかったという事実は、モスクワ大公がビザンチン皇帝の正統な継承者であるとするモスクワ・ロシアの主張に疑念を招きかねない〝キズ〟以外の何ものでもなかった。

しかし、ロシアに住む人々のこうした願望が容易に実現されたわけではなかった。ロシア人たちは、繰り返し東方キリスト教会の総主教座教会にロシア正教会総主教制確立の承認を求めた。しかし、ギリシア教会の権威の優越を確信していたギリシア人たちは、四つの総主教座――コンスタンチノープル、アンティオキア、アレクサンドリア、エルサレム――は「聖なる使徒」によって定められた永遠不変のものであり、いかなる新しい総主教座も付け加えられないと主張した。だがロシア人は粘り強く交渉を重ねることによって、結局東方諸教会の承認を取り付けただけでなく、「世界総主教」の格を有する「コンスタンチノープル総主教」からモスクワを「第三のローマ」として認めるお墨付きをさえ獲得したのである。

コンスタンチノープル総主教エレミアス二世の来訪

一五八八年、「コンスタンチノープル総主教」エレミアス二世（在位一五七二―七九、一五八〇―八四、一五八六―九五）は寄進を求めてモスクワにやって来た。東方教会の総主教がロシアを訪問するのは、歴史上初めてのことであった。総主教は華やかな歓迎儀式で迎えられた。ロシア人は彼の訪問を、モスクワに総主教制を確立する二度とないチャンスと見なし、秘策を準備していた。彼らは突然、エレミアス二世がロシアにとどまって、自らがロシア正教会の総主教に就任するよう申し出たのである。

これは、異教徒のトルコ人の支配下で肩身の狭い思いに苛《さいな》まれていたキリスト教会の首長としては気持ちがそそられる申し出であった。常に迫害を受け、心ならずもしばしば殉教の覚悟をさえ決めたコンスタンチノープルとは違って、ここモスクワでは栄誉と尊敬をもって遇され、温かい歓迎を受けたからである。長いやり取りがあって、結局エレミアス二世は同意を与えた。つまり、彼はロシア教会が〝自前の総主教〟を戴く権利と、そして自らがその任に当たることを承認したのである。このことは、直ちに正式の文書に認《したた》められた。

こうして総主教制の確立という基本方針が固まると、ロシア人はエレミアス二世に対する待遇を少しずつ変えはじめた。まず第一に、すでにモスクワ府主教座を占めていた府主教イオフ（後の初代総主教）を罷免することはできないという理由で、「コンスタンチノープル総主教」エレミアス二世に〝モスクワ〟ではなく、〝ウラジーミル〟の府主教管区首座の地位を約束した。

一方エレミアス二世には、言語、習慣、伝統の違いが次第に苦痛のたねとなってきた。とくにこのギリシア人聖職者を悩ましたのは、厳しい気候、不味《まず》い食事、延々と続く長い祈禱であった。彼はロシアでの生活にすっかり疲れ果ててきたのである。

エレミアス二世による「第三のローマ」宣言

その後さらに交渉が続けられた。そしてついにはエレミアス二世自身が、ロシア正教会総主教にはロシア人が就任することが最もふさわしいと示唆しはじめた。これこそが、ロシア人が待ち望んでいたものであった。こうして一五八九年一月二六日、エレミアス二世がモスクワに到着してから実に一八ヵ月目に、彼自らが「モスクワ府主教」イオフを「モスクワおよび全ルーシの総主教」に叙聖したのである。「コンスタンチノープル総主教」エレミアス二世が署名した文書には、次のように述べられていた。

ロシアの初代総主教聖イオフ（在位1589–1605）。

まことにあなたには聖なる心が存在する。かかる思想は神からあなたに鼓吹されたのである。古きローマは異端のために滅び、第二のローマたるコンスタンチノープルは、サラセンの子孫たる不信心なトルコ人に占取された。第三のローマたるあなたの偉大なるロシア王国は、敬處においてすべての王国を凌《しの》いでいる。あなた一人が全世界にあってキリスト教たる名を有している。

この言葉は、ほぼ一世紀前に修道僧フィロフェイがヴァシリー三世に宛てた書簡の焼き直しであった。かつては狂信的な一修道僧の予言に過ぎなかった「第三のローマ」の理念は、いまでは東方教会の最高権威が発した宣言となったのである。

エレミアス二世がロシア語で書かれた、この文書の内容を正確に理解していたか否かは、必ずしも明らかではない。というのは、その後、コンスタンチノープル教会とロシア教会との間で見解の相違が次第に明らかになったからである。

気前よく喜捨を与えられたエレミアス二世は、他の三人の東方教会総主教の承認を取り付けることを約束して、コンスタンチノープルに帰った。しかし、この仕事は容易ではなかった。東方教会の首座たちが簡単には同意しなかったからである。彼らに数々の贈り物が届けられ、四年に及んだ努力が続けられた末に、ロシアはついに待ち望んだ承認を勝ち取った。一五九三年、四人の総主教がコンスタンチノープルに集まり、モスクワの教会に第五番目の、そして最後の「尊貴なる総主教」の座を与えることを承認した。

しかし、この決定は四年前に「コンスタンチノープル総主教」エレミアス二世が署名した文書とは矛盾するものであった。というのは、ロシア教会はモスクワ総主教に少なくとも東方教会「第三位の格」を望んでいたからである。ロシア人は不満ではあったが、使徒教会の正統主義にどこまでも固執する保守的な東方教会の首座たちの承認を獲得したことで、結局満足せざるを得なかったのである。

ツァーリと総主教――聖俗至上の権威

ロシア教会が勝ち取った総主教座は、モスクワの「ツァーリズム」を完成に導くものであった。ロシア人はその勝利を慈悲深いフォードル帝の祈禱の賜物と見なしていた。「モンゴル＝タタールの軛」から解放されたロシアが、ツァーリと総主教という〝俗〟と〝聖〟の最高権威を確立するのに一世紀を要したのであった。しかしながら、ロシアの総主教が占めることとなった地位が、ビザンチンのそれとはずいぶん違っていた事実に留意する必要がある。コンスタンチノープルの総主教は、広範かつ明確な教会法上の権限を有していた。「コンスタンチノープル総主教」は、広大な総主教管区の首座であり、自分の監督下に多くの府主教や大主教を擁《よう》していた。だが、「モスクワ府主教」の総主教昇格が、直ちにコンスタンチノープルと同等の権威と権限を「モスクワ総主教」に与えたわけではなかった。そうなったのは、後述するように（第五章九七―九九ページ）「所有派」がロシア教会の実権を掌握し、彼らのキリスト教解釈に基づいて〝自前の〟教会組織を築き上げてからのことである。

実際「モスクワ総主教」の叙聖は、総主教区の監督権そのものにはまったく影響を与えなかった。全ルーシの総主教といっても、実際には普通の管区主教の一人に過ぎなかった。なるほど彼は主教たちの中の年長者で、最も大きな影響力をもっていたとはいえ、何ら特別な権力を行使したわけではなかった。総主教という新しい称号の栄光や権力がロシア人の眼に輝いて見えたのは、教会の礼拝や儀式においてだけであった。ロシア人たちはこの高位聖職者を豪華な祭服で着飾らせ、総主教にのみ執行することを許された祈禱儀式を導入することでその宗教的権威を次第に高めていったのであった。

しかしながら、総主教とツァーリという聖俗二つの至上の権威の関係となると、はなはだ不明確であった。両者の関係は一見すると、家族関係のように親密ではあったが、それは非公式なものに過ぎなかった。総主教は世俗の問題、たとえば政治問題に対してかなりの影響力を行使することもあったし、またほとんど取るに足りない存在にとどまる場合もあった。要するにそうしたことは、一にかかって総主教とツァーリとの〝個人的な〟関係次第であった。総主教は、もっぱら帝国と全臣民のために祈りを捧げることを義務づけられた精神的指導者と見なされていた。彼の主たる責務は祈禱であって、監督ではなかった。ロシア教会の総主教は、ローマ帝国時代のキリスト教高位聖職者というよりも、むしろ旧約聖書に出てくる長老に似ていたといえよう。

モスクワ総主教制の確立とロシアの成長

だがそれにもかかわらず、モスクワにおける総主教制の確立は、精神的にも政治的にもロシアが目覚ましい成長を遂げた事実を証明するものであった。ほんの一〇〇年前にはロシア人は異民族に支配される奴隷的な境遇に甘んじていた。一六世紀にいたって彼らは、過剰なまでに宗教的使命をも自覚する大帝国の建設者となったからである。ロシア人が打ち建てつつあった新しい国家は堅固で、永遠の基礎の上に立っているように思われた。しかし、ロシア人は決して急がなかった。過去の偉大なビザンチンの栄光の残照をとどめているに過ぎない、東方教会の総主教座教会との結びつきを彼らは大切に守っていた。一六世紀にはオスマン・トルコの官吏たちの慈悲にすがるだけの存在でしかなかった「コンスタンチノープル総主教」も、偉大な過去の精神的権威を背景として、ロシアのキリスト教徒の尊敬を集めることができたのであった。

当時のロシアは技術の面で遅れていたし、また生活も貧しく、習俗や慣習は粗野であった。しかし、ロシアの民衆はキリスト教の伝統に対して深い崇敬の念を抱いていた。モスクワに総主教を戴くことによって、ロシア人は東方正教キリスト教会の栄えある一員であるという意識をもつにいたった。こうした意識が、「リューリク王朝」断絶後に恐るべき無政府状態に陥った「大動乱（スムータ）」期のロシアを支え、数々の危機を克服することを可能にしたのである。

第五章　正統と異端

他者への徹底した愛――ソボールノスチ（霊的共同性）

ロシアが生んだ最も偉大なキリスト教思想家であるドストエフスキーは、三大ロマンの一つ『カラマーゾフの兄弟』の中で、ロシア正教信仰の根本原理、「ソボールノスチ」を「罪の共同態――万人の万人に対する罪――」として表現している。「私たちは誰でもすべての人に対して、すべてのことについて罪があるのです。そのうちでも私が一番罪が深いのです」とゾシマ長老は語る。こうした罪の自覚は、他者に対して限りなく深い愛を呼び醒まさずにはおかないであろう。それは徹底した自己卑下にもつながる愛である。神による救いでさえも、他者への愛ゆえに自己は最後に許されるべき者なのだ。

ローマ文明がローマ法を、すなわち規律と秩序の観念を生み出したとすれば、それらはローマ・カトリック教会の堂々たる神学体系の中に見事に組み込まれた。一方ビザンチン文明は、キリスト教の中に古代ギリシアの哲学の成果を持ち込んだ。これに対してモスクワはこうした領域では、ローマやビザンチンの偉大な先人に対抗しうるものをもたなかった。

ロシアの最大の宗教的貢献は、「キリスト教的な霊的共同性」としての「ソボールノスチ

〈自由における統一〉」の理念の構築と実践であった。それは「信仰の共同体」としての聖なる教会――ソボール――の精神を表現するものにほかならない。N・ベルジャーエフはその『ロシヤ思想史』の中で、ソボールノスチを「いかなる外的権威も知らず、また、いかなる個人主義的孤立も知らない……自由と愛との有機的統一としての共同体の精神」と呼んでいる。

すでに述べたように、ロシア人のキリスト教理解は知的ではなく、むしろ感覚的、情緒的とでも称すべきものであった。こうした特徴は、教会を制度としてよりも、信仰の共同性に基づく一種の〝有機的結合体〟と見る教会観にも表われている。ロシア人にとって、救済は個々人の罪の赦しとしてあるのではなく、むしろ人間、動物そして植物を含む全宇宙の変容にいたる、霊の癒しと神聖化の過程を意味するものであった。ラドネジの聖セルギーはこうしたロシア的な宗教観に適切な表現を与えた最初の人物であった。彼はロシア国民に、ロシア精神の最高の理念である「ソボールノスチ」の生きた実例を身をもって提示したのであった。しかし、聖セルギーの理想はロシア国民に直ちに受け容れられたわけではなかった。彼の弟子たちでさえ、そのすべてが彼をよく理解していたのではなかったのである。

所有派と非所有派の対立

一三世紀から二〇〇年余りに及んだモンゴル人の支配からの解放を成し遂げたモスクワ・ロシアにとって、一五世紀と一六世紀は自信に溢れた力強い時代であった。ロシア正教会は自治独立権を有し、東方正教キリスト教世界で最も強大で影響力をもつ教会となった。しかし皮肉にも、教会勢力が発展するにしたがって、聖セルギーの「ソボールノスチ」の精神が彼の後継者の間で分裂し、次第に相容れない二つのグループを生み出していくのである。

一つは「所有派（イオシフリャーニェ、イオシフ派）」と呼ばれ、「統一と権威」を重視し、儀礼における「美と荘厳さ」を強調した。他は「非所有派（ニェスチャジャーチェリ、清廉派とも訳される）」という名で知られ、「自由と愛」そして「自己卑下と悔い改めの心」をとくに訴えた。

一五―一六世紀の優れたロシア正教会指導者は、これら二つの分派のいずれかに与《くみ》していた。ヴォロコラムスク修道院長聖イオシフ・ヴォロツキー（一四三九―一五一五）、「ノヴゴロド大主教」ゲンナージィ、そして「モスクワ府主教」ダニイルなどが、「所有派」の代表的な指導者であった。一方「非所有派」には、ロシア正教の神秘主義的、理想主義的伝統を培った聖ニル・ソルスキー（一四三三―一五〇八）をはじめ、修道士ヴァシアン・パトリケーエフ公、そして一九八八年の千年祭に際して聖人の列に加えられた神学者、聖マクシム・グレクなどが属していた。

俗界修道院と荒野修道院

両派の最大の対立点は、修道院の土地所有の是非をめぐる問題であった。当時、修道院は目覚ましい発展を遂げ、実にロシアの全領土の三分の一を所有していたといわれている。ロシアにおける修道院の発展について、歴史家のクリュチェフスキーは名著『ロシア史講話』の中で次のように書いている。少し長くなるが以下に引用しよう。

一四世紀以降には、修道院増大様式の変化が、まさに北方に認められる。……それ（都市修道院）に代わって一四世紀以降には、森林未開地への動きが北ルーシの修道院生活の間に急速に強力にひろまった……

都市修道院および都市近郊修道院は通常……『俗界修道院』と呼ばれた。これと別の修道院はより自発的な起源をもっていた。……こういう荒野修道院の創始者は尊師セルギー・ラドネジスキーのように、時には俗界から真っ直ぐ剃髪する前に隠遁者となったが、しかし大部分は通常同様にどこかの荒野修道院で修道士修練期をすごし、そのあとそこを出て森の中に隠遁し、古い修道院のいわば開拓地となった新しい荒野の僧庵を建てたのであった。……その創始者は……沈黙の独居に救いを求めるために森へ行った経験者であった。同じような沈黙の探求者が、彼のもとに集まって荒野の小修道院を建てた。厳しい生活、苦行の栄光は遠方から信心者や寄進者だけでなく農民もそこに引きつけ、農民はその宗教的および経済的支柱としての富裕化した僧庵のまわりに住み、周囲の森を切り開き、新開墾地と部落を作り、畠を開き、尊師セルギー・ラドネジスキーのコトバによれば『荒野を変容させた』。ここで修道院開拓は農民の植民と出会い、……隠遁者の一軒家のあった場所に、住民の多い豊かでにぎやかな修道院が成長した。しかし修道士団の中には、しばしばこれ等の非修道生活的なにぎわいと富を煩わしく思う創始者の弟子が現われ、自分の師の精神と教えに忠実な彼は、師の祝福を得て彼を離れて人跡未踏の荒野へ行き、そこに同じ順序をふんで新しい森の僧庵を作った。

（八重樫喬任訳）

「非所有派」にとって、修道院の財産所有は修道院運動の精神の破壊以外の何ものでもなかった。というのも、修道士の義務は世俗の利害を離れ、神とその恩寵に完全に帰依するというキリスト者の理想を、実践することでなければならないと考えられたからである。修道士は自ら労働に従事し、その労働によって精神的独立を保持すべきであるというのが彼らの基本的な主張であった。土地と財産の取得は修道士を不可避的に世俗世界へと引き戻し、政治に対する利害関心といった精神の堕落に陥れるので、霊的な欲求に専念する人が財産を所有することは正しい行為ではなかったのである。

これに対して「所有派」の立場は、もっと現実的で実際的であった。彼らは有能な管理者であった。彼らが建てた修道院は秩序を守り、繁栄を誇った。そして彼らは、修道院が広大な領地を所有し、そこに居住する〝農奴〟を管理する権利を有すると主張した。「所有派」の名称はこのことに由来する。教会には不幸な人たちを助ける宗教的、社会的な義務があり、そのためには富も土地も、そして国家の援助も必要不可欠でなければならない。「所有派」の指導者イオシフ・ヴォロツキーは、修道院の土地所有を支持してこう主張する。「もし修道院が村をもたなければ、尊敬に値する高潔な人間はどのようにして剃髪することができようか。もし立派な修道士がいなければ、どこから府主教、大主教、主教およびその他の教会管理職に就くべき人々を得たらよいのか？　したがって、もし尊敬すべき高潔な修道士がいなければ、信仰も動揺するであろう」

両派の論争の問題点――政治・異端・儀式

一五〇三年のロシア正教会地方公会で、「所有派」と「非所有派」という二つのグループが分かれ、以後二〇年間にわたって論争が続いた。これら二つのグループの主張は、政治と異端に対する態度にも鮮明に表われていた。「所有派」は教会と国家との緊密な関係にとどまらず、教会の積極的な体制擁護を強調した。彼らは、ツァーリ専制の支持者であり、世俗の権力者が教会の監督に指導的な役割を果たすことをも承認した。「所有派」によれば、ツァーリは子供たちが敬愛し、その権威に服する父親のような存在でなければならなかった。

他方「非所有派」は、国家が教会の問題に介入することに反対した。教会は非政治的な、純粋に〝聖なる〟世界でなければならなかった。「非所有派」はまた宗教的寛容の精神を説き、異教や異端に対する迫害や処刑に反対した。

「ヴォロコラムスクのイオシフ」(17世紀写本) 書斎でペンを持つ「所有派」の司祭として描かれている。

両派の論争は、当時ノヴゴロドを中心に台頭した「ユダヤ教徒」とあだ名された異端的な一派のキリスト教運動への関心と相まって頂点に達した。「非所有派」が寛容を説いたのに対して、「所有派」は国家の重要性を強調し、「ユダヤ教徒」に対する弾圧を支持した。一五〇三年に開かれたロシア正教会の公会は「所有派」の主張を容認した。そして教会から「ユダヤ教徒」が追放された。

「所有派」と「非所有派」との対立は、教会の根本に関わる礼拝儀式の問題をめぐっても起こった。ニル・ソルスキーと「非所有派」は、より純粋で、敬虔かつ神秘的な儀式を好んだ。彼らは、聖体礼儀における美的、感覚的要素——たとえば聖堂内のさまざまな装飾や華美なイコンなど——を極力少なくし、簡素な、しかし深い祈りを重視した。だがこれに対して、イオシフとその支持者たちは、信仰の共同性を通して天国の栄光を実体験できるような、美的感覚に訴える荘厳で、華やかな礼拝儀式の重要性を強調した。

モスクワ大公の再婚に関する論争

ロシア正教会内部に存在したこの二つのグループの論争は、時のモスクワ大公ヴァシリー三世（在位一五〇五―三三）の介入によって次第に政治的な対立といった様相を呈するようになり、ついには両派の共存が不可能となった。折しも、ヴァシリー三世は世継ぎに恵まれず、妃を離縁して別の女性と結婚しようとした。「非所有派」に近い立場を取ったモスクワ府主教ヴァルラーム（在位一五一一―二二）は、「婚配の機密」を冒瀆《ぼうとく》するツァーリの希望を容認しなかった。

「ニル・ソルスキー」（17世紀写本）辺境の要塞で、信徒に祝福する姿で描かれている。

しかしこれに対して、「所有派」は、ツァーリズムの将来の方が一人の女性の運命よりも重要であると主張したのであった。その代弁者府主教ダニイルは、ヴァシリー三世が再婚すべきであるという意見を述べた。ヴァシリー三世はこれに乗じて、ダニイルを「モスクワ府主教」に叙聖させることを約束して、彼の祝福を受けて再婚した。この婚姻の結実が、あの恐るべきツァーリ、イヴァン雷帝（四世、在位一五三三―八四）にほかならない。

「非所有派」の反対はツァーリの不興を買った。「所有派」はこの機会を捉えて、反対派に一撃を加えた。聖マクシム・グレクとパトリケーエフ公は捕らえられ、支持者の多くも追放され迫害に遭った。しかし、信者の同情と支持を集めていたニル・ソルスキー自身は、結局終生のライヴァルであったイオシフ・ヴォロツキーとともに聖人の列に加えられたのであった。

「所有派」と「非所有派」との論争におけるイオシフの勝利は、その後のロシアの国家と教会の歴史に不吉な痕跡を残すことになる。教会内部の均衡は破壊され、精神の自由が次第に失われていったからである。教会と国家との緊密な結びつきはロシアの専制体制をますます強化し、他方で教会の精神的独立を掘り崩していく結果となった。悲劇は早くもイヴァン雷帝の治世に起こった。一五五一年、モスクワでイヴァン雷帝自身が主宰した主教会議（ストグラフ公会、「百章」会議と呼ばれる）は、異端や西ヨーロッパの精神的影響から正教信仰の正統性を守るために厳格な教会規律を定める一方、他方で教会と修道院の土地所有に一定の制限を加える決定を行なった。しかし、これに対してロシア正教会は抵抗する姿勢をすら示さなかった。もはや教会には、ツァーリ・イヴァンに反抗する力は失われていたからである。さらにその後、イヴァン雷帝のあまりの残忍さに勇を鼓して抗議の声を挙げたロシア正教会首座、「モスクワ府主教」フィリップ（在位一五六六―六九）は逮捕され、最後には絞殺された。こうしたロシア正教会の国家への従属は、一七世紀にいたってピョートル大帝が登場してくると、よりいっそう顕著となるのである。

古儀式派司祭の破門

一六五六年初夏、「アンティオキア総主教」マカリオス三世（在位一六四八―七二）に随行してモスクワにやって来たシリアのアレッポのアラブ人聖職者、長輔祭パウロスは、彼らが招かれて出席したロシア正教会地方公会の模様を回想記に書き残している。公会は、当時の「モスクワ総主教」ニーコン（在位一六五二―六六）が断行した教会改革に従うことを拒否した一人の長司祭を弾劾するために開かれたものであった。「公会が終わって」――と「主の昇天祭」後の日曜日（五月一八日）にアラブ人僧侶は書いている。

「私たちの総主教聖下はニーコン総主教聖下とともに、大聖堂で聖体礼儀を執行した。そして祈禱に続いて、アンティオキア総主教が通訳を介して司祭職について説教を行なった。彼はこの長司祭をアレクサンドリアの異端派、長司祭アリウスになぞらえた。……それから総主教がこのモスクワの長司祭を破門した。聖歌隊と聖職者たちが三度、彼に向かって『アナテマ！（破門）』と叫んだ。その後、私たちはモスクワ総主教とともにディナーに出掛けた」と。

異端の烙印を押されて破門を宣告され、教会から追放された聖職者は、ニジニー・ノヴゴロドとモスクワで道徳的、宗教的再生を訴えて、民衆の間で人気を博した説教者イヴァン・

ネロノフ神父（一五九一―一六七〇）であった。長司祭ネロノフはニーコン総主教がロシア正教会に導入した礼拝儀式の改革に反対した。ネロノフの破門は、公会による古儀式擁護派に対する最初の弾劾裁判であり、後にロシア正教会内部に決定的な分裂をもたらすことになる。そしてこの分裂はロシアの文化的、精神的統一を根底から破壊し、今日までも続いているロシア正教会の根深い対立を公然化するものであった。

こうした教会分裂にいたるまでは、モスクワ大公国は基本的には文化的、精神的統一を実現、維持していた。イヴァン三世治世の「ユダヤ教徒」の異端も、イヴァン四世の時代やその後の「大動乱（スムータ）」時代に民衆の間で頻発したプロテスタントやカトリックへの改宗も、ロシアの精神的統一に決定的な影響を及ぼすことはなかった。その地理的位置の故に、ロシアはヨーロッパの文化的発展とは異質な、独自の民族文化を育むことが可能であったからである。しかしながら、ニーコン総主教が断行した改革は、教会内部に決定的な分裂と宗派対立という事態を惹起《じゃっき》しただけでなく、ロシアの文化と歴史に不幸な断裂を生み落としたのである。

ロマノフ三代による教会の危機

一六一三年にモスクワで約七〇〇人の代表者を集めて開かれた「全国会議（ゼムスキー・ソボール）」で、ロマノフ家――イヴァン雷帝の妃であったアナスタシア・ロマノヴァの実家であった――のミハイル（在位一六一三―四五）が新たにツァーリに選出されるに及んで、リューリク王朝の断絶とともにロシアを襲った「スムータ」は、収束されることとなった。その後もこの若いツァーリはしばしば国民会議を招集し、その助言と協力を求めたが、彼自身は必ずしも有能な君主というわけではなかった。このロマノフ王朝初代のツァーリ、ミハイル帝は「スムータ」以前の古い秩序の回復に努めることに急で、当時のロシアにとって喫緊の課題であった農民の生活の改善にはまったく関心を示さなかったからである。

一方、教会もまた極めて保守的な聖職者たちの支配下にあった。とくに、一六一九年に教会首座――総主教――に就任した新帝ミハイルの父、フィラレート・ロマノフ（在位一六一九―三三）によってその傾向はいっそう強まった。モスクワの大貴族（ボヤーレ）の中心人物であった彼は、ボリス・ゴドゥノフ帝の治世に身の安全を図るため〝出家〟して、修道士の誓いを立てることを余儀なくされた。ポーランドに囚われの身となっていたフィラレートは一六一九年、解放されると同時に、前任者の聖エルモゲン総主教（エルモライ、在位一六〇六―一二）の殉教以来空席であった総主教に選出された。フィラレート総主教は献身的な人間であり、教会典礼の荘厳さや美しさを愛してはいたが、真に霊的な教会指導者というわけではなかった。彼の主たる関心は教会にではなく、むしろ国家に注がれていた。実際、当時のロシア帝国を支配していたのは、彼の温厚な息子ではなく教会首座の父親であった。

フィラレート・ロマノフは、それまでツァーリにのみ許された「大君主」の称号を帯び、権勢を振るった。彼は息子と並んで玉座に座り、すべての公文書に目を通し、署名した。フィラレートのこうした地位は、総主教の権威をかつてないほどの高さに押し上げ、教会の活動範囲をも拡大した。しかし、教会の霊的発展という観点からいえば、必ずしもよい結果をもたらさなかった。というのは、教会の世俗化が一段と進行し、高位聖職者はまるで世俗の権力者のように振る舞い、自己主張をはじめたからである。真に優れた精神的指導者を必要としていたまさにそのときに、ロシア教会はそうした期待に応えられなかったばかりか、新たな危機に見舞われるのである。

教会を深刻な分裂に導くことになる危機が現出したのは、一七世紀半ば、アレクセイ・ロマノフ帝（在位一六四五—七六）の治世であった。彼は父ミハイル帝の死後、一六歳で帝位を継承した。個人としてはアレクセイ帝は善良で、教養もあり、深い信仰心をもった人物であった。彼はロシア的な生活様式を愛してもいたし、またロシア正教信仰の意味をよく理解してもいた。

しかしながら、国家を統治する人間としては、彼は失格というほかなかった。アレクセイ帝はまさに家父長制的な専制の権化とも呼ぶべき人物であって、帝国を自分の大家族のように統治し、廷臣たちを子供のように扱った。だが彼の意図はともかく、結果はうまくいかなかった。彼の失政が招いた混乱の報いとして、ロシアの皇帝の中でも最も善良な一人に数えられるアレクセイ帝が大規模な農民の反乱——ステンカ・ラージンを指導者とするコサック農民の反乱（一六六六―七一年）――に遭遇し、彼らを残酷な方法に訴えても鎮圧しなければならなかった。そしてまた、歴代のツァーリの中でも最も篤信なこの人物が、教会内に新たな分裂を引き起こしたのであった。

教区司祭による教会再生運動

しかし、アレクセイ帝の治世は、最初から悲劇的な様相を帯びていたというわけではなかった。一六二九年生まれの彼は、当時台頭しつつあった極めて有能な国家と教会の指導者たちと同じ世代に属していた。この時代にとくに目立ったのは、優れた教区司祭たちが活躍しはじめたことであった。妻を娶《めと》り、家族をもっているロシアの教区司祭は、この時代まで、僅かな収入で大家族を養わなければならなかったために、充分な宗教活動を行なう余裕もなかった。教区を預かるこれらの聖職者たちはほとんど知的教育も、教会指導者としての訓練も満足に受けておらず、ただ伝統化され、様式化された日常の礼拝に明け暮れるだけであった。

しかし、一七世紀中葉にいたって、ロシア全土に新しいタイプの教区司祭が姿を現わすようになる。彼らは確固たる道徳的信念の持ち主であり、雄弁な説教者であり、あるいは有能な組織指導者でもあった。彼らは富と権力をもつ有力者の不正や悪を断罪し、またロシア人民の怠惰や背徳を糾弾することをためらわなかった。これらの熱狂的な教区司祭たちは、正教キリスト教の教義を世界に広めるという「ロシアの使命」を本気で信じていた。しかし、同時に彼らは、こうした使命が道徳的に純化され、再生した人民によってのみ成就されると確信していた。彼らは、当時のロシアを襲ったさまざまな不幸が、ロシア社会のすべての階層を毒している無秩序や悪徳の結果であると弾劾した。こうした下からの教会再生運動の主張は、図らずも彼らを反体制派に追いやることとなったのである。

しかし、流刑や投獄の脅しも、さらには暴徒による襲撃も彼らを押しとどめることはできなかった。というのも、彼らの精神的な復興運動に賛同し、支持する人が数多くいたからである。ツァーリの告解聴聞僧で、当時の最良の聖職者であった長司祭ステファン・ヴォニファチエフもその一人であった。ステファン神父の影響によって、若いアレクセイ帝も当初、再生運動に全面的な支持を与えていた。地方で活躍していたイヴァン・ネロノフやアヴァクーム（一六二〇—八二）など、優れた説教者がモスクワに呼び出され、首都の教区で活動をはじめた。彼らの影響を受けて、宗教的な再生運動がいたるところで起こった。さまざまな改革計画が議論され、とくに新総主教の選出が教会の再生と結び付けて注目を集めた。イオアサフ一世（在位一六三四—四一）の後を受けて総主教の地位にあったイオシフ（在位一六四二—五二）は病弱の老人で、一六五二年四月永眠した。改革熱に燃えたこれら教区司祭たちは、彼らの指導者であるステファン神父が総主教に叙聖されることを望んだ。しかしながら、アレクセイ帝は別の候補者を心に描いていた。「ノヴゴロドの府主教」ニーコン（一六〇五―八二）が、その人であった。

よき牧者ニーコン神父

ニーコンは一六〇五年、貧しい農民の子として呱々《ここ》の声を挙げた。一七世紀ロシアの指導者の多くがそうであったように、ニーコンも商業活動の中心として繁栄を謳歌していたニジニー・ノヴゴロドの出身であった。幼児期に彼は家族と離別するという不幸を経験する。類《たぐい》まれな能力に恵まれていた彼は、近隣の修道院の修道士たちの注意を引くところとなり、彼らに読み書きを教えられて育った。二〇歳でニーコンは結婚し、聖職者となった。たちまち彼は人々を救いの道に導くよき牧者として広く知られるようになった。彼と会った人は誰でも、彼の独特な風貌を忘れることができなかった。ニーコンは背が高く、暗い印象を与える、顔立ちの整った青年であった。彼は朗々たる声の持ち主であり、献身的で、疲れを知らない聖職者であった。彼は何事であれ堂々とした態度で臨むのが常であったが、一方で芸術にも造詣が深く、優れた審美眼を具えていた。一七世紀ロシアが生み出した美しい教会建築のいくつかは、ニーコンの情熱の賜物であった。

彼はその後間もなくしてモスクワに移ったが、そこで彼は三人の子供すべてを失うという耐え難い不幸に遇うのである。彼は直ちに教区司祭を辞し、妻とともに修道院にこもった。

アレクセイ帝がニーコンに初めて出会ったのは一六四六年のことであった。当時ニーコンはある小さな修道院の院長を務めていた。彼から強烈な印象を得たアレクセイ帝は、ロマノフ家の菩提所であったノヴォスパスキー（新救世主）修道院長に任命した。アレクセイ帝はしばしば両親の墓に詣でて、その折にニーコンとの親交を深めた。ツァーリとニーコンとの間に強い信頼関係が生まれ、アレクセイ帝自身、この修道士の友人に優る家臣は宮廷にもいないと確信するようになった。

一六四八年、ニーコンは古都ノヴゴロドの府主教に昇叙された。彼はこの地に勃発した反乱を鎮めたので、アレクセイ帝の信頼はいよいよ厚いものとなった。一六五二年、ついにニーコンは総主教に就位するように求められたのであった。最初彼は辞退したが、ツァーリと国民会議に懇請されて結局総主教の座に昇った。ニーコンは総主教に着座するに当たって、国家と教会の指導者たちから「キリストの聖福音経の戒めと、聖使徒および聖師父の教理を守り、そして彼らの首長および至上の神品（聖職者）として総主教に服従する」という誓約を取りつけた。この一風変わった宣言は、彼が近づきつつある嵐に気付いており、前もって自分の命令に従わせる手筈《てはず》を整えておこうとしていたことを示している。一六五三年の四旬斎（復活祭前の四〇日間にわたる大斎）に、ニーコンは「教会改革」に着手したのである。

ニーコンの教会改革とキリスト教世界

ニーコン総主教は、信者が胸の前で切る十字の描き方をも含めて、それまでの礼拝儀式の方法をギリシア風に改めるように命じた。この命令はロシア帝国の全臣民に強い衝撃を与え、とくに「再生派」の司祭たちの間に激しい憤りを呼び起こした。

ニーコンの改革の目的や、彼の改革に対する根強い反対の理由は、必ずしも正しく理解されてはいない。すべての出来事は、教会の礼拝儀式についての瑣《さ》末《まつ》な問題や祈禱書をギリシア風に改めようとしたニーコン総主教の企てとされている。他方、変化を受け容れることを嫌ったのは、僧侶や信徒たちの無知や偏狭さの表われと説明されている。ニーコンは宗教にとって何が本質的で、何が枝葉末節かがわからず、「アリルイヤ（ハレルヤ）」を二度ではなく三度唱えるとか、十字を二本指ではなく三本指で描くことにこだわったというのである。

ニーコン総主教（在位1652-66）は、東方正教会全体の拡充を図り、教会改革を志した。

だが実際には、ニーコンとその反対派はすべての東方正教キリスト教会、とくにロシア正教会に深甚な影響を及ぼす重大な問題について相互に争ったのであった。両派を分け隔てた最大の争点は、モスクワの教会が正教世界の唯一の指導者として振る舞う権利を有するのか、それとも東方正教キリスト教の再生運動における単なるパートナー、しかも下位の協力者の役割を演じるに過ぎないのかということであった。東方正教キリスト教の聖職者や信徒たちがモスクワ帝国の外で耐え忍ばなければならなかった困難な状況に苛立っていたロシアの教会と国家の指導者たちは、早急に事態が改善されることを強く望んでいた。たとえば、トルコでは正教会はイスラム教徒の迫害を受けた上に、一七世紀にはヨーロッパ列強の対立する利害の犠牲に供せられる始末であった。

ラテン教会の中心であったフランスは、正教会に対するその政治的影響力を利用して、彼らをローマの支配下に置こうと企てはじめていた。プロテスタントの英国とオランダは、彼らの利益のためには東方正教キリスト教会を利用するのに手段を選ばなかった。西ヨーロッパの聖俗の外交官たちは、しばしば彼らの目的に役立たない正教会の高位聖職者を追い払うためにトルコの役人たちを買収しさえした。策謀のために横死した「コンスタンチノープル総主教」キュリロス・ルカリス（在位一六二〇―三八）も、当時受難した数多くの犠牲者の一人であった。

ロシア教会と異国の正教会

東方正教キリスト教会が陥ったこうした苦境の中で、東方正教キリスト教の聖職者や信徒たちが唯一かつ独立の正教国家であるロシアを頼りにするようになるのは自然の勢いであった。各地の東方教会からモスクワを訪れる聖職者がひきも切らなかった。彼らは困窮した教区のために義援金を求め、また抑圧者から彼らを保護してくれるように懇願した。物心両面にわたる支援をロシアに求めさせたのは、ビザンチン皇帝の継承者を標榜するツァーリは全正教徒の保護者であるべきであるという彼らの確信にほかならなかった。一方ロシアにとっては、いまや「第三のローマ」としてのモスクワの信念がパワー・ポリティクスの現実に試されるときがやってきたことを意味した。こうしてロシア帝国はその使命を果たすことを決意したのである。

こうした企てが成功するための必要不可欠な条件は、助ける意図をもつロシア人と助力を求める他の東方正教キリスト教徒との間の密接な協力関係であった。しかしながら、彼ら相互の信頼はそれぞれの教会の慣習の違いや、数々の誤解によって傷つけられ損なわれていた。モスクワの住民がコンスタンチノープルやアンティオキアなど、オスマン・トルコの支配地域から逃れてやって来た異国の正教徒を知れば知るほど、彼らはロシア以外の正教徒の信仰そのものに不信感を抱いた。

ロシア人を驚かせたのは、外国の信徒や聖職者には敬虔の念が著しく欠けているという事実であった。モスクワの日常的な信仰生活に照らしても、彼らの信仰は不充分であり、不完全であった。礼拝儀式の面で偉大な芸術家であったロシア人は、礼拝のために独特の美しい聖歌音楽を生み出した。礼拝儀式は延々と続き、様式化され分刻みで注意深く執り行なわれた。ロシア帝国外に居住する貧しく、抑圧されていた正教徒は、ロシアにおけるような礼拝儀式の訓練を受けることはなかったし、またその余裕もなかった。礼拝中の彼らの振る舞いは、ロシア人からすれば神に対する冒瀆以外の何ものでもなかった。

しかしながら、こうしたことは、両者が対立した主要な争点と比較すれば些細《ささい》な問題に過ぎなかった。それぞれの教会の祈禱書と、それらの中に指示されていた典礼様式には、教理と信仰の本質に関わるより重大な相違があった。そしてこうしたものが、たとえば十字を切ったり、あるいは「信経（クレド）」を朗読するといった極めて重要な信仰儀式に影響を及ぼしたのである。「正教（プラヴォスラーヴィエ）」はスラヴ語で「正義の栄光」を意味している。ロシア人は内面的信仰の外面的な表われをとくに重視する。十字を切ることは、彼らにとって信経におけるように言葉によるのとは別に、行動によって表現される「聖三位一体」に対する信仰の告白にほかならなかった。造形美術に特別な才能をもったロシア人にとって、頭と腕の動きは、口から発せられた言葉と同様に重要な表現方法であった。一つひとつの行為に象徴的な意味があり、何世紀にもわたる伝統が塗り込められていたので、ロシア人が儀式のちょっとした違いに敏感に反応しても何ら不思議ではなかった。

ロシア正教会の正統性

一七世紀のロシア人が気付いた儀礼における相違の第一の原因は、「モンゴル＝タタールの軛」の下でロシア正教会が長期にわたって東方正教キリスト教世界からの断絶と孤立を強いられたのに対して、ビザンチンの教会が徐々に礼拝儀式を変えていったことであった。ロシア人は一〇世紀末のキリスト教化に際して受け容れた儀式を一切変更を加えることなく守ってきた。そうした意味でロシア人はロシア以外のキリスト教徒は過ちを犯した連中であると信じて疑わなかった。

だが、他の東方正教キリスト教会の信者はそうではなかった。たとえば、トルコに住む正教徒は自分たちの神学校や聖典印刷所をもつことを許されなかった。もし彼らが神学教育を望むとすれば、西ヨーロッパの神学大学でのみそれを得ることができた。そして原則として、そこで神学教育を受けるためには自分の教会を否認するという代償を支払わなければならなかった。ギリシアやバルカン地方出身の若者は外国で学んでいる間は、カトリック教徒やプロテスタント信者にならざるを得なかった。しかし故国に帰ると、彼らは母教会に復帰し、〝敵〟の武器を使って母教会を防衛する戦いに参加したのであった。

ロシア人は、〝背教〟という代償を支払って買われた神学教育は、彼らの不幸な同信者の信仰の純粋性を汚し、正統性を損わずにはすまないと主張した。ロシアの正教徒たちにとって、モスクワの基準だけが信頼するに値する唯一のものであった。

ロシア正教会の「正統性」という主張はロシアで広く受け容れられたが、とりわけ再生派の僧侶によって強く支持された。彼らは「ロシア正教会はその輝きをもって全世界を覆わなければならない」と説くのが常であった。しかしながら、こうした主張に対して、貧困と抑圧に苦しんでいるとはいえ、自分たちがロシア人にキリスト教を伝えたのであり、したがって信仰と礼拝に関わるすべての面で自分たちこそが教師であり、指導者であると確信していたギリシア人は、内心では非常に憤慨していたのであった。

東方正教キリスト教会はモスクワからの援助に頼りきっていたので、ロシア教会を公然と批判することはかなりの間遠慮していた。しかし、緊張が高まってくると、いずれの教会が正統的な正教信仰の守護者であるかという問題に決着をつけなければならなくなるのは不可避であった。

ギリシア正教世界の秩序の回復

ニーコンの最初の「総主教メッセージ」は人々を驚愕させるに充分であった。というのは、モスクワ総主教はキリスト教信仰に関して、ギリシア人が正しく、ギリシア人と対立するすべての点でロシア人が間違っていると厳かに宣言していたからである。前もって何らの相談もなしに、しかも最も献身的なロシア正教徒の意見に挑戦するかのように行なわれたこの宣言は、当然のことながら、人々の憤激を引き起こし、新総主教によって犯された神聖冒瀆であるとして弾劾された。

ニーコンをしてこのような思い切った決断をなさしめた動機は、いったい何であったのだろうか。彼は、ツァーリ・アレクセイの主要な関心事がロシア教会と他の東方教会との間の相違をなくし、正教世界が打って一丸となって「自治と自由」を回復する努力を行なうことであると理解していた。彼はまた、アレクセイ帝がただ一人ニーコン総主教だけがこの使命を果たすことができると考えていることもよく承知していた。そして彼は、ツァーリに対して自分がこの信頼に値するものであることを証明してみせようと決心した。

優れた決断力と実行力とに恵まれていたニーコンは、直ちに実行に取りかかった。惨めで貧しい境遇からの彼の華々しい栄達は、彼に強い自信を与えていた。彼はギリシア人に直接的な影響を及ぼす手段を持ち合わせていなかったとはいえ、ロシア人に対する権威を頼りにすることはできた。こうして彼は、一片の宣言によって、ロシア人が優越しているという主張を退け、ギリシア人の慣習に従わせようとしたのである。

独裁者となったニーコン総主教

総主教の満々たる自信は、彼の行動にいっそうの拍車をかける結果となった。大多数のロシア人は、総主教とツァーリの権威に公然と抵抗する勇気をもたなかった。しかし、再生派の聖職者や信徒の支持者はそうではなかった。彼らは、他の東方キリスト教会に対してモスクワの伝統が優越しているという信念を決して放棄しないと宣言する勇気をもっていた。一群の教区司祭が正教会と国家の最高権威にあえて反抗したということは、かつてのロシアでは考えられないことであった。ニーコンは一瞬たじろいで、第二の失策を犯した。彼は敵対者を迫害でもって脅そうとしたのである。反対派は逮捕されて拷問を受け、あるいは聖職を剝奪され、あるいは流刑地に送られた。

だが、これらの方法も効き目はなかった。ニーコンは、自分に反抗した人々についてほとんど何も知らなかった。長司祭ネロノフが屈服し、転向するという例外はあったが、長司祭アヴァクーム、ムーロムの長司祭ロンギン、ロマノフ・ボリソグレプスクの司祭ラザリ、モロゾヴァ夫人などは、弾圧に屈しなかった。彼らは拷問も、流刑も恐れなかった。迫害はむしろ彼らの信仰の火に油を注ぎ、ニーコンは裏切り者であり、偽りの指導者であるとの確信を強めただけであった。その後の五年間、ロシアは全能の総主教と、これら一部の聖職者や信徒との間の激烈な闘争の舞台と化したのである。

アレクセイ帝は決して表面に出なかった。彼は多くの時間をポーランドで軍隊とともに過ごしていた。他方、ニーコンは教会と国家の聖俗両面で辣腕《らつわん》を振るっていた。フィラレート総主教と同様に、彼も「大君主」の称号を帯び、ツァーリのいないところでは事実上「摂政」として振る舞った。だが、ニーコンはこの二つの役割で成功したわけではなかった。強硬な反対派に手を焼き、人々の同情が迫害を受けた犠牲者の側にあることを知って、彼は独裁者の途を突き進んだ。大貴族《ボヤーレ》たちの怒りを買った上に、教会の最良のメンバーを追放し、金離れのよい人に仕えることで悪名高い「ガザの府主教」パイシー・リガリドのような、身勝手で恥知らずの野心家の助力を仰ぐ始末であった。

一六五七年、アレクセイ帝はモスクワに戻った。彼は、帝都が総主教と反対派との間の対

「流刑されるモロゾヴァ夫人」(スーリコフ画、1867年)“古儀式派”の証である“2本指”を掲げ、市内をひきまわされる。

立で騒然となっているのを目の当たりにして仰天した。友人に対するツァーリの感情が冷めはじめた。ツァーリの態度の変化は、ニーコンの自尊心を傷つける結果となった。苛立った彼は、もう一つの重大な過ちを犯した。一六五八年七月一〇日、礼拝の終わりにニーコンはアレクセイ帝に対する不満をぶちまけ、総主教座を辞任するつもりであると宣言した。ニーコンは恐らく、ツァーリがこの事実を知って直ちに教会に駆けつけ、辞意を撤回するように説得するものと期待していた。しかしツァーリは二人の貴族を遣わして、その友情を確認しただけであった。この調停を総主教は拒絶し、修道院に引きこもってしまった。八年間、事実上ロシアに総主教不在の状態が続いた。ニーコンは辞任もせず、また職務に復帰もせず時間稼ぎに努めた。

モスクワ公会でのニーコンの敗北

その間にも東方教会の総主教たちに意見が求められ、数回にわたって会議が開催された。しかし、意見が分かれて結論が出るまでにいたらなかった。一六六六年、ロシア教会史上でも最も重要な会議の一つに数えられる公会が、モスクワに招集された。公会は断続的に二年間続き、東方正教キリスト教会の二人の総主教――アレクサンドリアのパイシー（在位?―一六八五）とアンティオキアのマカリオス三世（在位一六四七―七二）――が主宰した。しかし、会議の真の主役はニーコン総主教に対する告発人に豹変していたパイシー・リガリド府主教であった。公会はもっぱらロシア正教会を糾弾する場と化し、ロシア人に勇気を与えてきた信念や理想を著しく傷つける結果となった。この会期中に、ロシア教会と国家の指導者たちは、一五世紀以来ロシア人が高々と掲げてきた「第三のローマ＝モスクワ」の理念を公式に否認し、その旗を降ろさざるを得なかったのである。

公会の第一の布告は、ロシア教会の伝統に固執した人々を厳しく弾劾することであった。アヴァクーム神父とその支持者たちは破門された。こうしてニーコン総主教の教会改革を受け容れた人々と拒絶した人々との間の分裂は、一時的ではなく、不変で決定的なものとなった。今日でも一〇〇万人以上の信徒を擁する「旧信徒」、すなわち「古儀式派」がここに誕生したのである。彼らの多くは迫害を逃れて、シベリアの奥地に移り住んだ。古儀式派は「容司祭派」や「無司祭派」をはじめとして、さまざまな宗派に分裂して現在に及んでいる。

公会の第二の布告は、改革の創始者、ニーコンその人を廃位することを指示していた。ニーコン総主教は聖職を剥奪され収監された。その罪状は、総主教座の違法な放棄と皇帝に対する非礼であった。

第三の布告は、ロシアの宗教会議の中でも最も尊ばれてきた一五五一年の「ストグラフ公会」の否認であった。一五五一年のこの会議の出席者は、モスクワの正教会が東方教会の「模範」であると公然と宣言したが、一六六七年になるとロシア教会の主教たちはこの宣言を否定することを余儀なくされた。パイシー・リガリド府主教に強く迫られた結果、主教たちはしぶしぶ一五五一年の公会を無効とする声明に署名したのである。

旧信徒はこの決定を受け容れることを拒絶した。ニーコンもまた声を荒げて抗議した。ニーコンは裁判中にも威厳を保って行動した。彼の背筋を伸ばした、堂々とした姿は、むしろ彼の方が告発者を裁いているようにさえ見えたものであった。だが、非難され、長期間にわたって幽閉されたのは、いうまでもなくニーコンの方であった。一六八一年八月一七日、ニーコンは永眠した。もっとも彼は、アレクセイ帝をはじめとして彼の政敵たちよりも長生きしたことになる。ニーコンは一介の修道士としてではなく、総主教としての〝栄誉〟を与えられてヴォスクレセンスキー（ハリストス復活）修道院に埋葬された。

五年間にわたって教会と国家を支配したこの農民出身の総主教は、心からの愛と生涯を捧げた教会を真っ二つに引き裂いてしまった。ニーコンの悲劇は単にロシア正教会のそれにとどまらず、深い亀裂に傷ついたロシアの歴史と文化の悲劇でもあったのである。

第六章　国家による教会支配

ピョートル大帝の夢

ロマノフ王朝の創始者ミハイル・ロマノフの孫であり、第三代目の総主教フィラレートの曾孫に当たるピョートル大帝（一世、在位一六八二—一七二五）の治世とともに、ロシア正教会の新時代が始まった。西ヨーロッパの発展に強い衝撃を受けたピョートルは、大々的な西欧化政策に着手するとともに、ロシア正教会の自治独立権を削《そ》ぎ、教会を西ヨーロッパのプロテスタント教会にならって国家に奉仕する国教会に変えようとしたからである。

若いそして野心的なツァーリは、経済、軍事、技術といった国家存立のための基本的条件の後進性を明確に認識していた。そして彼が目指した自国の近代化のためには貴族階級だけでなく、教会からの応分の援助と協力も必要不可欠であった。貴族階級は、精神においても、生活様式においても依然としてロシアの伝統や慣習に固執し、ヨーロッパ文明を嫌悪していた。一方、教会も異国の文化を恐れ、ロシア教会が奉じる正教キリスト教だけがただ一つ、真のキリスト教であると信じて疑わなかった。彼らは、ローマ・カトリック教会やプロテスタント教会の信仰を受け容れる西欧主義者を〝悪魔の手先〟として拒絶した。

ロシアを西欧的な近代国家に造り変えるというピョートル大帝の夢は、一七〇三年、スウェーデンから併合したフィンランド湾沿いの領土に新しい首都を建設することで実現の第一歩を踏み出した。一九一七年までロシア帝国の首都であったサンクト・ペテルブルグの建設である。この新首都は、ピョートルが西ヨーロッパに向かって開け放った窓にほかならなかった。ピョートル大帝は貴族階級に西欧的な慣習、衣服そして教育を強要し、彼らを正真正銘のヨーロッパ人に変えようとした。彼は西欧化政策を推し進めるために、さまざまな分野の専門家を西ヨーロッパから招聘《しょうへい》した。

だが、こうした大事業を達成するには、ロシア文化の中心をなし、ロシア人の精神的な拠り所であったロシア正教会の協力と支援なしにはもとより不可能であった。ピョートルには、広大な教会領や豊かな財産が何よりも必要であったのである。

皇帝の権威を脅かすもう一つの権威

ピョートル大帝は、元来教会に好意をもたなかった。とくにロシア正教会総主教をロシア帝国の〝もう一人の首長〟と見なすことを、この専制君主は断じて許さなかった。ピョートル自身が唯一至高の支配者でなければならなかったからである。彼によれば、教会の役割は宗教的な指導を施すだけでなく、臣民に国家への忠誠心を植えつけ、育むことでなければならなかった。

クンストカメラの塔上から眺めたサンクト・ペテルブルグの町並(1805−07年、アトキンソンの水彩画より)。

しかしながら、当時のロシア正教会はピョートルの西欧化政策に反対する保守派の一大拠点といった様相を呈していた。というのも、ロシア正教会は、あのイヴァン雷帝でさえその意向を無視しなかったどころか、時には譲歩せざるを得なかったロシアの精神的、道徳的な伝統の擁護者であったからである。だがピョートル大帝は、いかなる存在であれ、彼自身が絶対的支配権を行使する世俗世界の問題に干渉することを許さなかった。彼は、ロシア正教会を国家と皇帝の支配下に置くことを決意していたのである。

一方、教会も世俗の世界、とくに政治に介入する意図はもたなかった。もっとも、ロシア正教会の首座である総主教は、長い伝統にしたがって、皇帝にキリスト者としての良心を訴え、〝愛と寛容〟の名においてその意思を変えるように求める権利を有してはいた。ロシア語で「ペチャロヴァーニエ」と呼ばれたこの総主教の権限は、ツァーリは他の人々以上に「神の恩寵と導き、そして寛容」を必要とするという広く受け容れられた信念を象徴的に表現するものであった。それによれば、ツァーリは最善のキリスト者をさえ押しつぶしてしまいかねない権力の重荷を双肩に担っているというのである。教会が常にツァーリのために特別な祈禱を捧げ、高位聖職者たちがツァーリに助言や忠告を与えたりするのはまさにこういう理由からであった。

教会の権利の剝奪

ピョートル大帝は教会を政治的なライヴァルとして恐れていたわけではなかったが、君主としての自らの行動に干渉する権限は断じて容認することができなかった。一六九八年、総主教アドリアン（アンドレイ、在位一六九〇―一七〇〇）が信者たちの行進の先頭に姿を現わして、謀叛《むほん》のかどで死罪を宣告された親衛隊員に慈悲を垂れるようピョートル大帝に直訴したとき、彼は総主教を激しく罵《ののし》り、聖職者に軍隊の規律の問題に口出しする権利はないといい放った。この出来事は、古くからのモスクワの伝統と慣習が失われてしまったことを端的に物語っていた。ピョートルは、「世俗的な領域」と「宗教的な領域」とを分け、その間に明確な境界線を引くことによって、次第に教会を国家権力の支配下に服従させていった。こうした意味でもピョートルはロシアの「ツァーリ」ではなく、西欧的な「皇帝（インペラートル）」の称号をもつ絶対君主であったのである。

ピョートル一世は、急進的な西欧化政策を実現するために、かつてはロシア正教会とツァーリ国家との間に存在した調和を犠牲にすることも辞さなかった。彼は教会からその自治権と自由とを剝奪し、教会が世俗の問題に意見を述べる権利を一切認めなかった。以後二〇〇年間にわたって、ロシア正教会は〝帝国の囚《とら》われの身〟という運命に甘んじることになる。

もっとも、教会を国家権力に隷属させるのは並大抵の努力ではすまなかったが、ピョートルにとっては幸運なことに、教会が「分裂」によって疲弊の極に達したときを狙い澄ましたように、運命的な一撃を加えたのである。献身的な信者の多くは「分離派」に加わっていた。他方、「総主教派」教会にとどまった人々も疑心暗鬼に陥り、お互いに不信感を投げつけ合っていた。その上、当時のロシア正教会の高位聖職者たちは「モスクワ派」と「キエフ派」とに分裂して、抗争を繰り返していたのである。

ピョートルは慎重かつ巧妙に計画を推し進めていった。彼は、ロシア臣民が教会に対して献身的であることをよく知っていた。そこで彼は教会を直接的に攻撃する代わりに、徐々に従属させていくという方法を選んだ。ピョートルが行なった術策の一つは、総主教制の事実上の廃止であった。一七〇〇年、一〇代目の総主教アドリアンが死去したとき、ピョートルは後任の新総主教の選出を認めなかったのである。

新総主教を選出するための公会を招集する代わりに、ピョートルは「リャザンの府主教」ステファン・ヤヴォルスキー（一六五八―一七二二）を空位の総主教座の代理に任命した。その後二〇年間、教会指導者たちは、皇帝がいつ総主教選出のための公会を招集する勅令を発するかを、固唾《かたず》を呑んで見守っていた。しかし、結局勅令は出されなかった。ピョートルは時間稼ぎをしながら、自分に忠実な聖職者たちを主教に抜擢した。ピョートルの寵愛を受けたのは、有能で野心的な「ノヴゴロド大主教」フェオファン・プロコポヴィチ（一六八一―一七三六）であった。フェオファンは、教会の自由と自治を犠牲にしても宮廷に取り入ろうとした。一七二一年、「宗務規定」という名の下に新しい教会規則を起草したのは彼であった。このフェオファン大主教の規則は、ロシア正教会の位置や立場を根本的に、そして決定的に変えるものであった。

聖宗務院制（シノド制）の導入

こうして教会を支配しようとするピョートル大帝の努力は、制度の面では一七二一年までにほぼ完了した。教会はピョートルの宗教抑圧政策に抵抗する力をもたず、なし崩しに国家に服従する道を辿ったのであった。

新たに定められた「宗務規定」において、ピョートル大帝とフェオファン大主教はロシア正教会の高位聖職者を厳しく断罪するとともに、それまでの慣習や伝統に批判を加え、さらに総主教座は廃止されるべきであると宣言した。それというのも、ピョートルによれば、多くのロシア人が総主教は皇帝自身と同じレヴェルの権威をもつ、ロシア最高の指導者であると間違って考えていたからである。そこでピョートルは、総主教制に代わって、ツァーリが選任する一二人の聖職者――主教、修道士そして妻帯司祭――から成る監督機関を設立した。教会の管理、統制に当たるこの監督機関のメンバーは、次のような特別な宣誓を行なわなければならなかった。

> 私は、全ロシアの皇帝、わが恵み深い君主がシノド会議の至高の裁定者であることを承認いたします。

これがピョートル大帝がドイツのルーテル派教会から学び取った「聖宗務院制（シノド制）」であり、ロシア教会はツァーリ直属の、世俗の大臣である「聖宗務院総長（オーベル・プロクロール）」の支配下に置かれることとなった。皇帝の〝監視の眼〟という任務を担った聖宗務院総長は、シノドに責任を負うべき正式の構成員ではなく、しかも聖宗務院総長の承認なしにはシノドは議決をすることは無論、討論することをさえ許されなかった。聖宗務院総長は、聖職者の動きをことごとく監視し、牽制する上で最も効果的な機関であった。これに加えて、ツァーリがシノドの構成員の任免権を独占していたことを考えれば、シノド会議そのものがいかに無力なものであったかは想像に難くない。

ピョートルは、フェオファンが起草した「宗務規定」に手を加え、変更することは一切認めなかった。彼は公会を招集することもなく、密使を派遣して、各主教に「宗務規定」承認の署名を行なうように求めた。主教たちの抵抗は空しかった。ピョートル大帝は、一気呵成《いっきかせい》にシノド制を導入した。

ロシア正教会は独立と自治権を失い、世俗権力の支配に完全に従属することとなった。こうした国家による教会支配のシステムは、その後エカチェリナ女帝（二世、在位一七六二―九六）の治世下でさらに強化され、実に一九一七年のロマノフ王朝崩壊まで続くのである。数世紀前には自治権を誇った都市の民会（ヴェーチェ）が解体し、いまでは教会が総主教制を失って、国家に全面的に屈伏した。こうしてロシアのツァーリズムは、いよいよその専制の度合いを深めることになったのである。

アリューシャン列島に渡った宣教師

一九世紀のロシア正教会が、〝俗人〟の大臣を総長に戴く宗務院の統制の下で世俗権力による露骨な干渉を受け、その政治目的のために利用されたばかりでなく、ロシア帝国の〝精神的憲兵〟としての役割をさえ演じてきたことは確かである。しかしながら他方で、教会がツァーリ政府の意図や思惑を超えて、純粋な使徒的使命感から宣教活動に情熱的に取り組んだことも否定できないところである。実際、一九世紀は、異教世界への福音伝道に偉大な足跡を残した宣教師たちを輩出した世紀でもあった。府主教インノケンティと大主教ニコライは、そうした一九世紀を代表する宣教師であった。

「モスクワ府主教」インノケンティ（イオアン・ヴェニアミノフ、一七九七―一八七九）

は、シベリアのイルクーツク県の寒村に生まれた。彼は幼年期に父を失い、輔祭を務めていた下級聖職者の叔父の家庭で育てられた。九歳でイルクーツク神学校に入学。真面目で優秀な神学生であり、将来を嘱望されたヴェニアミノフは当然、神学大学に進むものと思われていた。しかし周囲の期待に反して、彼は結婚して直ちに教区司祭になる途を選んだ。一八二一年、二四歳のヴェニアミノフはイルクーツクのブラゴヴェシチェンスキー（生神女福音）教会の司祭に叙せられた。

しかし、一八二三年にいたってヴェニアミノフ神父の運命は大きく変わることになる。彼は突然、アリューシャン列島のウナラスカ島にあった教区の司祭として赴任せよとの辞令を受け取ったからである。ヴェニアミノフ神父は一四ヵ月にも及んだ困難な旅を経て、新しい教区に到着した。ウナラスカ島を本拠とする彼の教区は、ベーリング海から太平洋にいたる広大な海域に分布する実に六〇もの小島を擁していた。彼は粗末な礼拝所しかなかったウナラスカ島に聖堂を建て、危険をものともせず小さなカヌーで島から島へと福音を宣《の》べ伝えた。彼の使徒的熱情は島民を感動させ、彼らを教会に導いたのであった。ヴェニアミノフの宣教活動は目覚ましい成果を上げ、多くの島民が洗礼を受けたといわれている。

一八四〇年、妻が永眠すると、ヴェニアミノフはその功績によって「カムチャツカ、クリル（千島）およびアリューシャン列島の主教」に叙せられ、それと同時にシベリア伝道に生涯を捧げた「イルクーツクの聖インノケンティ」にちなんでインノケンティを名乗ることになった。彼の管区は世界でも最も厳しい気候、風土の地域を含んでいた。彼は常に生命を危険にさらしながら、相変わらず島から島へと宣教の旅を続けた。その言語も心理もよく知り抜いていた島民に洗礼を施し、増え続ける信者たちに説教を行なった。彼が建てた教会は、ロシア正教会の中でも最も活発な教会の一つとなった。主教インノケンティは本国ではほとんど無名の人であったが、彼の宣教に対する熱意は次第にロシア国民の知るところとなり、彼らを深く感動させた。ついにインノケンティ主教は、一八六八年、当時のロシア正教会の最高の地位であった「モスクワ府主教」に叙聖されたのである。

日本への伝道者、大主教ニコライ

一八六〇年八月一日、西ロシアの寒村を一人の青年が馬車を駆って、困難が待ち受ける長い旅へと出発した。サンクト・ペテルブルグ神学大学を卒《お》え、修道士の誓いを立てたばかりのこの青年が目指した目的の地は、はるかシベリアを越えて、海を隔てた極東の異教国日本であった。彼は日露通商条約（一八五八年）に基づいて箱館（函館）に開設されたロシア帝国領事館付の司祭として赴任することになっていたのである。

この青年司祭ニコライ・カサートキンは実に一〇ヵ月を要した単身旅行を終えて、一八六一年六月一四日（文久元年）箱館に上陸した。以来一九一二年二月一六日（明治四五年）東京で永眠するまで、彼は日本での伝道事業に文字通りその生涯を捧げたのであった。一八六八年四月（明治元年）三名の最初の日本人受洗者が誕生し、さらに一八七二年（明治五年）東京駿河台に宣教活動の本拠を定めてから、ニコライの伝道活動は目覚ましい発展を遂げた。日本における正教会は、彼の在世中に起こった日露戦争という思いがけない災難によって大打撃を受けたにもかかわらず、一九一二年当時、二七六の教会と三万四〇〇〇人の信徒を擁する規模に達していた。

大主教ニコライ（イオアン・ディミトロヴィチ・カサートキン、一八三六―一九一二）は、一八三六年八月一日、ロシア帝国スモーレンスク県の農村に村の輔祭を父として誕生した。彼の少年時代は決して恵まれたものではなかった。五歳にして母を喪うという不幸と、当時の下級聖職者の家庭の多くが味わった貧窮生活に耐えながら、少年期を過ごさなければならなかったからである。村の小学校を卒えた後、彼はスモーレンスクの神学校に学び、一八五七年首席で同校を卒業すると、直ちに官費生としてペテルブルグ神学大学に進んだ。

一八六〇年、卒業を間近に控えたこの学生は思いがけない運命を辿ることとなった。彼は日本の箱館にある領事館が司祭を募集していることを知り、突然日本に赴くことを決意したのである。学友の反対も、また神学大学学長からの教授職斡旋の申し出も、彼の決心を翻すことはなかった。聖宗務院によって彼の日本派遣が正式に決定された。同年六月末、この青年は剪髪式を受けて修道士ニコライとなり、一週間後に輔祭職を経て司祭に叙聖された。こうして、彼の生涯は極東の非キリスト教国に結びつけられることになったのである。

一八六一年初夏、キリスト教伝道の期待を胸に任地の箱館に第一歩を印した修道司祭ニコライは、たちまち深い幻滅を経験せずにはすまなかった。宣教活動などとうてい不可能であることは、彼の眼にも明らかであった。キリスト教が厳しく禁止され、攘夷論が沸騰する幕末の動乱期にあって「当時の日本人は外国人を野蛮人と見、またキリスト教を……邪宗と見なしていた」からである。

「東洋の亜使徒」大主教聖ニコライ

　ニコライは日本の現状には深い失望を味わったものの、自己の使命に絶望したわけではなかった。領事館付の司祭として勤務するかたわら、彼がまず第一に着手したことは日本語と日本の歴史、文化の研究であった。だが、宣教活動の準備として一見当然とも思われるこの作業も、当時の日本の政治、社会的状況やロシアにおける日本研究の水準を考え合わせるとき、どんなに困難を伴うものであったかは想像に難くない。

　多くの辛酸を嘗《な》めながらも、ニコライの日本研究は大いに進捗し、それとともに日本におけるキリスト教伝道の可能性をますます強く確信するようになった。かつて苦い幻滅を味わった彼は、数年間の日本研究を通じて、キリスト教信仰を根づかせるべき肥沃な土壌を発見したのであった。ニコライの最もよき理解者の一人であった当時の「モスクワ府主教」インノケンティに宛てた書簡の中で「ここ日本は、正教が明らかに、そして確実に貢献しうる地球上で唯一の国といってもよいところです」と、自らの自信と希望を力強く伝えている。

ニコライは前述したように、日本における五〇年間に及んだ伝道活動で大きな成果を上げた。彼はその業績に対して、「東洋の亜使徒」の称号を与えられ、ロシア正教会の聖人の一人に列せられたのである。

第七章　ロシア革命と〝無神論〟体制の誕生

モスクワへ渡った日本人神父

一九一七年（大正六年）九月二四日、一人の日本人聖職者がはるばるシベリアを鉄道で横断してモスクワに到着した。日本ハリストス正教会長司祭三井《みい》道郎（一八五八―一九四〇）である。かつてキエフ神学大学に留学した経験をもつ三井神父は、モスクワで八月二九日から開催されていたロシア正教会地方公会に日本正教会の代表として出席するためにやって来たのであった。

一九一七年の革命の騒擾《そうじょう》のまっただ中に招集され、実に翌一八年まで数ヵ月間続くことになる公会では、総主教制の復活が最も重要な議題であった。一九一七年三月に帝政が崩壊するとともに、これまでほぼ二〇〇年間にわたって、シノド制の下で事実上世俗の大臣である聖宗務院総長の監督下に置かれたロシア正教会が、世俗権力の支配から独立するために総主教制の復興と新総主教の選出を目指すようになったのは自然の勢いであった。しかし少数とはいえ、聖職者の間に反対意見もあり、結論が出ないままに侃々諤々《かんかんがくがく》の議論が続いていた。

折しもペトログラード*に勃発した革命がモスクワにも波及し、モスクワは大混乱に陥ったのであった。こうして一一月一〇日、公会は急遽討議を中断し、総主教制復活の動議を全員一致で可決承認した。モスクワを襲った革命の騒乱について三井神父は、自著『三井道郎回顧録（遺稿）』の中でこう書いている。

想い起せば十一月十日の夕方のことであった。霹靂《へきれき》一声、大砲の響きはごうごうと轟き、豆を煎《い》るが如き小銃の音はこれに和し殷々《いんいん》として天地も崩れんかと思われた。これが革命戦の始めであって、これから十一月十六日迄露国の人民は敵と味方の二派に分れ同胞互いに相戦った。この一週間昼となく夜となく砲声を耳にし弾丸雨飛の間にあって鮮血淋《したた》りの光景を目撃したことは如何《いか》にも恐ろしい次第であった。市民は危険を恐れ外出を止め、食糧を得ることが出来ず飢餓に苦しむ者も少くなかった。電車の運転は止み、電話は黙し郵便電信は全くその働きを止め、新聞雑誌は過激派に属するもの以外は悉《ことごと》く発行停止となり、モスクワ市は全く過激派の徒の暴威に蹂《じゅう》りんされる実状であった。

＊第一次世界大戦勃発とともにドイツ風のペテルブルグからロシア語表記のペトログラードに、さらに後にレニングラードに改められた。

ロシア革命と総主教制の復活

一一月一八日、モスクワで最大の聖堂であり、しかしその後一九三二年にスターリンの命令によって爆破されることになる救世主ハリストス大聖堂で総主教選任のための祈禱式が開催された。式典には最長老の「キエフ府主教」ウラジーミルをはじめとする高位聖職者、司祭、信徒代表が出席した。前日の会議で総主教候補三人──「ハリコフ府主教」アントニー（フラポヴィツキー、一八六三─一九三六）、「ノヴゴロド府主教」アルセニー（スタドニツキー、一八六二─一九三六）、「モスクワ府主教」チーホン（一八六五─一九二五）──がすでに選ばれていた。この三名の候補者の中からチーホンが「くじ引き」で選任された様子を、三井は次のように描写している。

三時課の誦経終るや、キエフ府主教ウラジミル師は恭《うやうや》しく至聖所内に進み入り左側に立つ、公会書記官長シェイン氏……長さ五寸許りの白紙三枚に公会の印を捺したるものを持ち来る。ウラジミル府主教之を受け自から前日公会に於て総主教候補に選ばれた三名……の名を記し、その各紙片をくるくる円く巻き、之にゴム輪を掛け各別々に金製の聖函の中に置く。数名の司祭はその傍らにあってその一挙手一投足を注目す。

府主教ウラジミル師はその聖函を封印して聖障の前なる高所に持ち行き王門の左側聖母マリヤの聖像の前に予め備え置きたる卓上に安置した。

その後三人の候補者のために祈禱式が催され、「アストラハン主教」ミトロファン（クラスノポリスキー、一八六九―一九一九、のちに銃殺）によって正教会における総主教の重要性に関する説教が行なわれた。こうしていよいよ、総主教の選任、決定がなされたのである。三井師の回想はさらに続く。

やがてキエフ府主教ウラジミル師は三片のくじを収めたる聖函に近づき之を手にし説教壇の上に移し、普《あまね》く之を公衆に示す。この際府主教二名、大主教四名外六名の公会議員は傍らに竝立《へいりつ》す。府主教ウラジミル師は剪刀《はさみ》を手に持ち公衆に向って函の結びを切り、之を開き、陰徳を以て世に名高き修道司祭七十有余歳のアレキセイ翁に祝福を与えくじを引かしむ。アレキセイ老修士ウラジミル府主教の祝福を受け三度十字架を画し函中より一のくじ紙を取り出して之を府主教ウラジミル師に渡す。ウラジミル師はそのくじ紙を開き六名の公会議員に示しつつ「モスクワ府主教ティーホン」と高声に呼ぶ。公会全員並びに参拝者一同「アクシオス」（至当なりの意）を三度唱えつつ選ばれたる総主教モスクワ府主教ティーホン師の選挙を公認す。

一七二一年ピョートル大帝によって廃止された総主教制は、ロシア革命の混乱の中で復活し、一一代目の総主教にチーホンが選ばれたのであった。一二月四日、モスクワのクレムリン内のウスペンスキー（生神女就寝）大聖堂で総主教着座式が行なわれた。こうしてチーホン総主教は革命という最も困難な時代に、宗教信仰の根絶を主張するボリシェヴィキ政権と相対峙しながら、ロシア正教会を率いていくことになったのである。

一一代目の総主教、チーホン総主教

一九八九年の「ロシア正教会総主教制確立四〇〇年祭」において、聖人の列に加えられることになるチーホン総主教は、反宗教政策を公然と掲げる共産主義（ボリシェヴィキ）政権下で、苛烈な迫害を一身に受けとめながら、正教信仰と教会の独立を守り抜いた二〇世紀を代表する教会指導者であった。

総主教チーホン（俗名ヴァシリー・ベラーヴィン、在位一九一七―二五）は一八六五年一月、プスコフ県トロペツ市で司祭の子として生まれた。一八七八年、一三歳のヴァシリー少年はプスコフ神学校に入学、一八八三年に卒業すると、ペテルブルグ神学大学に進んだ。若くしてすでに未来の教会指導者の風格を具えていた彼は〝主教〟というニックネームで呼ばれ、級友たちの推薦を受けて図書係を務めた。

一八八八年、卒業とともにプスコフ神学校の講師に任ぜられたヴァシリーは、一八九一年にいたって修道士の誓いを立てることを決心する。彼の剪髪を祝福する礼拝式には、この若い聖職者を慕っていたプスコフ市民のほとんど全員が出席したといわれている。そしてそのときチーホンの名前が与えられた。その後ホールム神学校長に就任し、掌院に叙聖された。

一八九八年、三四歳でポーランドの「ルブリンの主教」とホールムの主教代理に併任された。さらに一年後、チーホンは「アリューシャン列島およびアラスカの主教」に任ぜられた。彼はアメリカの任地で七年間を過ごしたが、このアメリカ時代は必ずしも幸福ではなかった。彼に付き従ってアメリカに赴いた実弟が死去する不幸にも見舞われたからである。

一九〇五年大主教、二年後にロシアでも最も由緒があり、重要な管区の一つであるヤロスラーヴリに移った。さらにその後リトアニアの「ヴィリニュスの大主教」となり、一九一四年に第一次世界大戦が勃発するまで任地に滞在した。ヴィリニュスが戦場になったために、チーホンは聖遺骸と若干の聖器物をモスクワに移送した。彼はヴィリニュス管区内のジスナにとどまり、戦病兵や戦傷兵の慰問に努めた。チーホンはこの功績で勲章を受け、次いで「モスクワの府主教」に昇叙された。そして一九一七年八月二六日に始まったロシア正教会地方公会で議長を務め、この公会で一一代目の総主教に選出されたのであった。

“修復”されたダニーロフ修道院

一九八八年夏、私がモスクワ市南に位置するダニーロフ修道院を訪れたときのことである。千年祭に際してソヴィエト政府からロシア正教会に返還され、いまでは「総主教庁」が置かれて文字通り教会行政の中心となっているこの修道院は、一二八二年頃、聖アレクサンドル・ネフスキー大公の末子で「初代モスクワ公」聖ダニイルが建立した、モスクワでも最も由緒ある大修道院である。一人の修道士に案内されて、私は院内を見学した。しかし、この見事に修復された大修道院には何か訴えるものが感じられない。何故か〝聖なる場所〟が与える感動がないのである。

だが、案内役の修道士の説明を聴いてたちまち私は納得した。この修道院は建物を除くと、聖堂を飾るイコンも、鐘楼の鐘もほとんどすべて複製なのである。イコンは壊され、あるいは盗まれて失われてしまった。美しい音色を響かせたであろう鐘は鋳潰《いつぶ》され、公園のベンチに姿を変えてしまった。無惨に破壊される様子を見かねて、アメリカの貿易商が鐘の一部を本国に持ち帰った。そしてそれらは現在、アメリカ東部の某名門大学の所有になっているという。修道士がたった一つ紛れもない〝本物〟と教えてくれたのは、これもやはり国外に流出していた、しかし所有者の好意で返還された木製の聖函であった。

ダニーロフ修道院の例を見ただけでも、ロシア革命後の七〇年間に行なわれた教会や修道院に対する破壊の凄《すさ》まじさをうかがい知ることができよう。こうしたロシア正教会に対する弾圧と破壊は、ボリシェヴィキ革命が勝利すると、直ちに、そして組織的に始められた。

ロシア革命の嵐

一九一七年のロシアを襲った革命の嵐は、ロシアの国民生活に政治的、経済的な変化をもたらしただけでなく、新たな精神的亀裂と葛藤を惹起せずにはすまなかった。というのも、旧体制の崩壊という破局に遭遇したロシアは、九〇〇年以上にわたってロシア正教が国民統合の精神的原理をなし、民族的、文化的伝統を育んできた国であったからである。革命前夜の一九一四年当時、ロシア正教徒が実に総人口の七〇パーセント（約一億人）、ロシア人中ではほぼ一〇〇パーセントを占めていたという事実は、ロシア正教の信仰が国民生活の全領域にまたがって、いかに巨大な影響力を有していたかを如実に物語っている。その結果、無神論を標榜《ひょうぼう》するボリシェヴィキの勝利は、直ちにロシア正教会との熾烈な対立抗争という事態を招くことになったのである。

宗教、中でも旧体制の最も枢要な支柱の一つであったロシア正教会は速やかに根絶されなければならない——これが、新たにロシアの支配者として登場したボリシェヴィキたちが一致して抱いた確信であった。革命の業火から誕生したばかりのボリシェヴィキ政権にとって、反革命の悪夢を払拭するためにも、ロシア正教会を含めた旧体制の全面的、かつ徹底的破壊が至上命令でなければならなかったからである。

ボリシェヴィキ政権の反宗教政策

一九一七年一一月八日、新総主教チーホンが叙聖されたその日に、首都ペトログラードで開催された第二回ロシア・ソヴィエト大会はレーニンの主導の下に、一切の土地所有権を廃止する「土地について」と題する布告を発し、これに基づいてソヴィエト政府は直ちに広大な教会領の国有化を断行した。次いで翌一九一八年一月二三日、ソヴィエト人民委員会議は「国家から教会の、教会から学校の分離について」の布告を公布し、宗教に対するソヴィエト国家の基本姿勢を明らかにした。

布告は、教会の国家からの分離（第一条）の規定を柱として、市民の宗教信仰の、あるいは信仰しない自由（第三条）、公共秩序に反しない範囲での宗教儀式執行の自由（第五条）、学校の教会からの分離と、学校における宗教教育の全面禁止（第九条）、教会並びにその他の宗教団体からの財産所有権および法人格権の剝奪（第一二条）、そして教会施設並びにその他の教会資産の国有化と、礼拝用施設の国家機関による管理（第一三条）などを主たる内容とする一三の条項から成っていた。そしてこの布告に示された宗教に関する基本原則が、同年七月に制定された「ロシア・ソヴィエト社会主義共和国憲法」において明文化されたのである。

こうした基本方針に沿って行なわれたボリシェヴィキ政権の宗教政策が当初、教会組織の破壊と聖職者に対する抑圧とに全力を傾注し、必ずしも一般の信者大衆を直接の標的にするものではなかったことが指摘されなければならない。というのはほかでもない、それは何よりもまず、最大の敵対勢力の一つと目されたロシア正教会の活力を奪うとともに、あわせてその政治的、社会的影響力を排除することに照準を絞っていたからである。この目的を達成するためにソヴィエト政府が採用した具体的な方策は、主として次の三つから成っていた

（拙著『ソヴィエト政治と宗教』を参照）。

第一は、土地、施設そして聖器物をも含む教会資産の国有化である。宗教儀式に欠かすことのできない教会施設は、司法行政機関の管理下に置かれ、その使用については監督官庁の許可を得なければならなくなった。しかも使用許可は宗教団体だけに与えられたわけではなく、他の非宗教的活動――たとえばコンサート、映画、ダンスそして時には反宗教講演会など――のためにも認められた。この結果、ロシア正教会をはじめとする諸教会は、経済的基盤を失っただけでなく、施設の使用を制限されることによって、その活動にも重大な支障をきたすにいたった。さらに、修道院の徹底的な破壊が企てられた。一九二〇年までに、実に六七〇の正教会修道院が閉鎖されたのである。

第二は、聖職者に加えられた身分上、並びに権利上の差別政策である。憲法第五六条の規定によって、聖職者は資本家階級や犯罪者などとともに最下等身分に貶《おとし》められ、公民権をも剝奪された。その上、この〝非労働者階級〟には食糧配給カードが支給されず、また就労資格を得るに必要な労働組合への加入ももとより許されなかった。彼らは所有権を認められず、また生活の資を得るために働くことも許されなかったにもかかわらず、高率の税金と高額の家賃の支払いを課せられるという、極めて苛酷な生活条件の下に置かれた。さらに、聖職者に対する差別政策はその子弟をも例外とせず、彼らから中等以上の学校教育を受ける権利を奪ったのである。

第三の方策は、宗教の社会的影響力、とりわけ教育に対する影響力の排除であった。教育行政を担当した教育人民委員部は、教会と学校との分離に関する布告を着実に履行した。その結果、教会が設立した学校は廃校されるか、あるいは国・公立学校へ移管され、宗教教育も若干の神学校を除いて全面的に廃止された。学校以外の宗教教育も、一八歳未満の青少年に対しては個人の場合を除いて禁止された。さらに家族制度に対する宗教の影響を一掃するために、教会から婚姻、出生の登録など戸籍に関するいっさいの権限が剝奪された。

聖職者の処刑と教会閉鎖

旧体制下のロシア正教会は、ツァーリ政府の大臣である聖宗務院総長の監督の下に置かれていたとはいえ、反面、国家の手厚い保護と多くの特権を与えられていた。その結果教会指導者たちは独善に陥り、帝政崩壊後の革命のただ中にあってさえ「正教ロシア」の伝統が育んだ夢を貪《むさぼ》っていた。なるほど彼らもボリシェヴィキ派には敵意を抱き、共産主義体制を断固拒絶はした。しかし当初彼らは、ロシアに生起しつつある深刻な政治的、社会的な変化に有効に対処することも、またボリシェヴィキ派台頭の意味を理解することもできなかった。ロシア正教会は結局数年を経ずして、ボリシェヴィキ政権の執拗な攻撃の前に組織そのものが解体するという危機に瀕することになる。

しかし、政教分離の名の下に行なわれた一連の宗教抑圧政策は、しばしば聖職者の処刑や教会の強制的閉鎖といった直接的な宗教弾圧をも伴い、その結果、宗教界の抵抗を招いて各地で流血の衝突が頻発するにいたった。ロシア正教会の場合、一九一八年から二〇年までの間に少なくとも二八人の主教が殺害され、数千人の聖職者が殺されるか、あるいは投獄された。またほぼ一万二〇〇〇人の信徒が宗教活動を行なったかどで処刑され、数千人が逮捕の後、労働キャンプに送られるか、流刑処分を受けたといわれている。

一九一九年二月にロンドンで公刊された、ロシア正教会「オムスク大主教」シリヴェストル（オリシェフスキー、一八六〇―一九二〇、獄死）から英国聖公会カンタベリー大僧正に宛てた書簡は、当時の教会迫害の様子を生々しく伝えている。

過激派が一九一七年のロシアで政治権力を掌握すると、彼らは社会の教養階級だけでなく、宗教そのもの、教会の指導者たち、そしてあらゆる人々から尊ばれた宗教的記念碑を一掃しはじめました。

モスクワのクレムリン大聖堂、ヤロスラーヴリやシンフェローポリといった諸都市の聖堂は略奪され、多くの教会が汚されました。由緒ある至聖所も、モスクワとペトログラードの有名な総主教書庫も略奪を受けました。キエフ府主教ウラジーミル、二〇名の主教そして数百人の聖職者たちが暗殺されました。しかも殺害する前に、ボリシェヴィキどもは犠牲者の手足を切り刻み、そのうちのいく人かは生きながら火で焼いたのです。ペトログラード、トゥーラ、ハリコフ……の市民が参加した宗教行進には銃撃が浴びせられました。
ボリシェヴィキが権力を握ったところではどこでも、キリスト教会はキリスト暦の最初の三〇〇年間よりもずっと野蛮な迫害を受けました。尼僧は暴行され、女性は共有財産としてもてあそばれ、放縦と劣情がはびこっています。いたるところに死が、不幸がそして窮乏があります。人々は完全に打ちひしがれ、戦慄すべき経験に曝《さら》されているのです。ある者は苦しみによって救われますが、他の者は惨めに屈伏します。ボリシェヴィキどもが追い払われたシベリアとウラル山脈地区でのみ、市民と信徒の生活は法と秩序の保護の下にあるのです。

（W・ストローイェン『共産主義ロシアとロシア正教会　一九四三―一九六二年』）

トボリスクの主教ゲルモゲンの死

ロシア革命直後に行なわれた教会迫害の実態について、ア・ヴァレンチノフは自らが編集し、一九二五年にロンドンで出版した『神への攻撃――チョルナヤ・クニーガ（ブラック・ブック）』の中で詳しく紹介している。ヴァレンチノフに依りながら、聖職者に加えられた迫害のいくつかの例を紹介してみよう。

シベリアはオビ河流域の「トボリスクの主教」ゲルモゲン（ドルガノフ、一八五八―一九一八）は一九一八年六月一六日、同市の監獄に収監させられていた政治囚とともに溺死させられた。彼は革命前、ラスプーチンに反対して彼を宮廷から排除するように上訴したために、ツァーリ政府に疎まれたという経歴の持ち主であった。反革命軍が接近しているために疎開させるという口実で彼らは川船に集められ、首の周りに石を詰め込まれてデッキから突き落とされたのである。

一九一八年初め、チーホン総主教はボリシェヴィキ政権のテロに抗議する宗教行進を行なうよう全国の正教会信徒に呼び掛けていた。これに対してトボリスク市のソヴィエト当局は、ゲルモゲン主教に行進を組織すれば逮捕するという警告を発した。当時トボリスク市には、四月三〇日にエカチェリンブルグに移送されるまで、廃帝ニコライ二世とその家族が留め置かれていた。したがって、当局はどんなものであれ示威行動にはとくに神経を尖らせていた。しかし、ゲルモゲン主教は警告を無視して、四月二八日の聖枝祭に聖堂を出て、イコンを高々と掲げ、聖歌を歌いながら行進を始めた。ロマノフ一家が住んでいた元の総督公邸の前に来ると、主教は腕を高く挙げ、皇帝一家に祝福を捧げた。

これが、ゲルモゲン主教が人々の前で説教を行なう最後の機会となった。「私は受難の日が近づきつつあると感じています。……どうか皆様の祈りによって私を支えてください」。ゲルモゲンは復活祭の聖週間に逮捕された。ソヴィエト当局は、一万ルーブルの保釈金で釈放すると約束したが、後に保釈金は一〇万ルーブルまで増額された。募金活動が始まり、司祭と信徒から成る代表団が主教を引き取るために保釈金を携えてやって来た。しかし、彼らの姿は監獄の奥に消え、再び戻っては来なかった。結局彼らもゲルモゲンと運命を共にしたのである。

オリョルの主教マカーリーの処刑

モスクワ南方の小都市「オリョルの主教」マカーリー（グニェヴシェフ、一八五八―一九一八）は、人々に非常に慕われ、敬愛された聖職者であった。とくに彼の説教は評判を集めた。地方革命委員会はマカーリーの人気を危険視し、一九一八年のある夏の夕方、彼を逮捕した。彼は地方革命委員会の建物にある監獄に収容され、繰り返し拷問を受けた。彼は余りにも人気が高かったので、オリョルで処刑することができず、スモーレンスク市に送られ、郊外の野原で他の一四人とともに殺害された。マカーリーは犠牲者たちに祝福をおくり、彼らの平安な死を祈った。

マカーリーの処刑を命令した軍人の一人が、後に軽い肺結核に罹《かか》った。医師は適切な治療を施して養生法を指示し、彼が必ず回復すると保障した。だがそれにもかかわらず、彼の容体はますます悪化した。この軍人が医師に、聖者を殺害するという罪を背負って生きていくことはできないと告白しはじめたのはこうしたときであった。

彼によれば、野原で主教は彼に「わが子よ！　あなたの心を煩わせてはなりません。あなたをここに派遣した人の意思を果たしなさい」という言葉とともに祝福を与えたというのである。そしていよいよ射殺されるときに、軍人は主教が「わが父よ！　彼らをお許し下さい。彼らは自分が何をしているのか知らないのですから。わが魂を平安に受け容れて下さい」と祈るのを耳にした。彼は主教の「聖性」を確信した。そして夜の闇の中で、死刑囚があの高名な主教であることに気付いた兵士の間に動揺の波が走った。以来、その軍人は夢の中で彼に祝福をおくる主教の姿を見た。主治医にこの話を打ち明けてから数ヵ月後に、彼は肺結核で永眠した。

　新しく誕生した革命政権は、宗教、とくにロシア正教を深刻な脅威と見なしていた。汲めども涸《か》れることのない泉のような宗教の活力に、ボリシェヴィキは戸惑い、苛立った。彼らはその影響がさらに強まり、広がるのを恐れた。「革命非常委員会（チェーカー、後のKGB）」の指揮官サエンコは、南ロシアの「ベルゴロド主教」ニコディム（コノノフ、在位一九一三—二二）を逮捕するとき、恐怖の表情をさえ浮かべながらこう叫んだといわれている。「革命が失敗したのは、僧侶や修道士のせいなのだ！」と。一九一九年当時は、革命の成功はまだ確実ではなかった。そしてボリシェヴィキ政権に対抗する最強の勢力が、ほかならぬロシア正教会と考えられたのであった。革命直後に苛烈な迫害が行なわれた理由の一つとして、こうした事実も見逃されてはならないであろう。

キエフ府主教ウラジーミルの処刑

ロシア革命を非難し、殉教したキエフ府主教ウラジーミル。

「キエフおよびガリツィヤの府主教」ウラジーミル（ボゴヤブレンスキー、在位一九一五—一八、一九九二年列聖）は前述のゲルモゲンと同様、ニコライ二世の不興を買っても、宮廷内で大きな影響力を揮《ふる》ったラスプーチンに一貫して反対した気骨のある聖職者の一人であった。これが原因で、彼は一九一五年モスクワからキエフに移された。しかも彼は、サンクト・ペテルブルグの自由主義的な府主教アントニー（ヴァドコフスキー、一八四六—一九一二）に反対して、一九〇五年の革命——一月九日の「血の日曜日」に始まる政治変動——を非難したために保守反動という烙印を押されていた。ウラジーミル府主教がボリシェヴィキ政権に疎まれたことはいうまでもない。

一九一七年、彼はキエフ府主教の地位を狙っていた反モスクワ派のウクライナ人主教と対立した。翌年一月二五日に政治委員に率いられた赤軍兵士が府主教を逮捕するためにやって来たとき、キエフの修道院がこのロシア人府主教を本気で保護しようとしなかったのはウクライナ民族主義者の聖職者たちとの軋轢《あつれき》が原因であると思われる。

彼は酔っぱらったボリシェヴィキの武装兵に酷く打たれ、修道院の外に引きずり出されて、射殺された。たまたま一人の通行人がこの光景を目撃した。府主教は祈りを挙げる許可を求め、跪《ひざまず》いて両手を高く挙げてこういった。「主よ！　私の自由と自由ならざる罪をお許し下さい。そして私の魂を平安の中に受け容れて下さいますように」と。それから死刑執行人たちの方を向き、彼らに許しがあることを祈った。修道院内にも射撃音が鳴り響いた。翌朝、血の海に横たわる府主教ウラジーミルの遺体が発見された。遺体は拷問を受け、無惨に切り刻まれていた。

こうした聖職者の処刑はいたるところで行なわれた。一九一八年二月、ドン河流域の町に侵攻した赤軍兵士の一人は家族にこう書き送っている。「僕は一人の坊主を殺しました。僕たちはこれらの悪魔を追い回し、犬のように殺害しました」と。

ヴァレンチノフはこれら以外にも迫害に関する資料を丹念に集めて、おびただしい数の虐殺の様子を描いている。八〇歳の修道司祭アムブロシーは、小銃の台尻で小突かれ、撲殺された。同じ町の司祭ディミートリーは裸にされて共同墓地に連れてこられ、処刑される直前に胸に十字を切ろうとして、一人の兵士に右腕を切断された。救世主ハリストス修道院では七五歳の修道院長が逮捕され、頭皮を剝がれて、最後に頭部を切り刻まれて殺された。

こうした迫害の実態を伝える教会の公式資料も発表されている（レフ・レゲリソン『ロシア正教会の悲劇　一九一七―一九四五年』）。それによると、一九一八年六月から一九一九年一月までの間に行なわれた宗教迫害だけで、次のような数値に達するという。すなわち、

処刑：府主教一人、主教一八人、司祭一〇二人、輔祭一五四人、修道士と修道女九四人
投獄：主教四人、司祭（妻帯司祭および修道司祭）二二一人
不動産の没収：教区七一八、修道院一八
閉鎖：聖堂九四、修道院二六、ほかに非宗教的目的に使用された教会一四、礼拝堂九

これらの数値は一部地域のものであって、ソ連邦全土の実態を伝えるものではない。だが、革命初期に恐るべき勢いで宗教迫害が行なわれた事実は、ボリシェヴィキ政権も認めていたのである。

信者の協力で守られた教会

ところで、激しい弾圧や迫害が加えられたにもかかわらず、少なからぬ教会が革命直後に押し寄せた危機を乗り切り、また修道士や司祭の多くが処刑を免れたことも確かである。こうした事実の背後には、平信徒たちの協力や活動があったことが指摘されよう。ウクライナのルガンスク市近郊の状況を伝える文書が残されている。

アヴデーエフカ村の住民は自分たちの手で教会と僧侶を略奪から守った。彼らは……集会を開いて、司祭と教会を会費と献金で維持することを決定した。グリシノ村では、村民は神讃美の礼拝を禁止するソヴィエト当局の命令を無視し、司祭を当局の報復から守り抜

いた。ドネツク市では、炭鉱労働者と工場労働者が……町にやって来たボリシェヴィキが教会や聖職者に冒瀆的な行為を加えれば、反抗することを辞さないと発表した。……こうして教会と司祭が救われたのであった。

（D・ポスピエロフスキー『ソヴィエト無神論の歴史』第二巻）

ペトログラードでも、信者の抵抗がいくつかの修道院や教会を救った。一九一八年一月、ボリシェヴィキ政権の社会福祉人民委員アレクサンドラ・コロンタイ女史（一八七二―一九五二）は、社会福祉という名目で、由緒あるアレクサンドル・ネフスキー大修道院を接収するために武装兵士を派遣した。赤軍兵士の銃が火蓋を切り、司祭を殺害した。しかし、このロシア正教のセンターを守るために集まった大群衆を追い払うことは結局できなかった。さらに「ペトログラード府主教」ヴェニアミン（カザンスキー、在位一九一七―二二、一九九二年列聖）を先頭とする信者たちの行進が数十万人に膨れ上がり、この首都のネフスキー大通りを進んだ。

これを契機として、教会を守るための〝信徒同盟〟が各地で結成された。ペトログラードでも、またモスクワでも六万人以上の信者が参加したといわれている。そしてこの同盟は、とくに政府機関による教会や修道院の接収に反対するために目覚ましい活動を展開した。ソ連邦の新聞で明らかにされたところでは、一九一八年二月から五月までの四ヵ月間に、政府と信徒同盟との衝突で六八七人の犠牲者が出たという。

革命直後は、まだ民衆の自発的な抵抗運動も可能であった。そして彼らの活動は確かにいくつかの教会を救ったのである。しかし、新しく誕生したボリシェヴィキ政権の宗教弾圧はこれ以後、ますます激しさを増し、組織的に行なわれるようになる。

チーホン総主教の弾劾状

事態がこのように推移する中で、ロシア正教会はその存立を賭けて反撃に転じ、チーホン総主教を中心として広範な抵抗運動を展開してソヴィエト政府に対決する姿勢を示した。革命直後にいわゆる「破門状」を発して、反ボリシェヴィキの姿勢を鮮明にしていたチーホン総主教は一九一八年、革命以来実施されてきた宗教迫害をさらに激しく弾劾し、七十有余年後の今日を想起させるようなソヴィエト体制滅亡の予言で結んだメッセージを送った。チーホンはいう。

　剣によって立つ者は剣によって滅びる。キリストのこの予言を、人民委員を僭称《せんしょう》して、わが祖国の運命を支配しているあなたがたに捧げる。この一年間、あなたがたは国家権力をその手に握り、いま、一九一七年一〇月革命一周年を祝おうとしている。しかし、あなたがたの命令で無慈悲に殺されたあなたがたの兄弟のおびただしい血は、われわれをして苦い真実の言葉を吐かさずにはおかないのだ。

　安全である者は一人としてなく、誰もが欠乏、略奪、逮捕そして処刑に怯えながら毎日を過ごしている。毎日数百人にも上る無力な市民が捕らえられ、何ヵ月もの間不潔な牢獄に朽ち果てるままに放置され、審査も裁判もなしに処刑される。……処刑されるのは、あなたがたに対して有罪である人たちだけでなく、ただ人質として収容され、あなたがたが無罪であることを知っている人たちなのだ。何の罪もない主教、司祭、修道士そして尼僧たちが、反革命などという大雑把で、曖昧かつ不明確な罪名で射殺されている。正教信徒のこうした非人道的な状態は、死に臨んでの最後の慰藉も聖体拝領も許されず、また近親者が殺害された遺体をキリスト教の儀式によって埋葬することも認められないので、ますます耐え難いものとなっている。

　あなたがたは自由を約束した。だが、人が自分のために食糧を確保することも、住居を変え、他の町へ旅することも許されないのに、それが自由であるというのか。数家族が、そして時には一棟に住む全住民が立ち退きを強要され、その財産が路上に放り出されているのに、また市民が人為的に分類され、ある者は窮乏のゆえに盗人になることを余儀なくされるというのに、それが自由であるというのか。反革命の罪を着せられることを恐れて、公然と自分の意見を述べる者がいないのに、それが自由であるというのか。言論の自由、表現の自由はどこにあるのか。説教を行なう自由はどこにあるのか。多くの勇気ある教会の説教者たちは、すでに血の代償を、殉教者の血を支払った。社会と国家についての討論は抑圧された。新聞は、一部の親ボリシェヴィキ派の例外を除くと完全に窒息させられた。

地上の権力を裁くことはわれわれの務めではない。神が許し給《たも》うた権力であれば、それが人民の利益に適っていると神が判断されているように思われる限り、良き行ないに対してではなく、悪に対して恐るべき権力である限り、われわれの祝福が与えられるであろう。

しかしいま、われわれはあなたがたに対して一言説得を試みよう。囚人を釈放し、虐殺、攻撃、破壊、信仰に対する迫害を中止することで、権力掌握一周年を祝いなさい。法と秩序の破壊を止めて、それらの回復を目指しなさい。内戦を中止して、人々が待ち焦がれていた何よりも尊い平和を保障しなさい。だがいまやあなたがたが流した義人の血は、あなたがたに償いを求めている。剣を取ったあなたがたは剣によって滅びるであろう。

チーホンのこの勇気ある行為に対して、ソヴィエト政府は直ちに彼と補佐役の「クルチッツの大主教」ニカンドル（フェノメノフ、一八七二―一九三三）の逮捕、軟禁をもって応じた。ロシア正教会のボリシェヴィキ政権に対する抵抗は、それほど長くは続かなかった。というのは、それは組織的な抵抗運動を展開するまでにいたらず、結局のところ、チーホン総

正教会の存続をかけて、抵抗運動を率いた総主教チーホン（在位1917−25年）。

主教一人の権威に頼って、彼の指導力にすべてを委ねるという形で行なわれたからである。

教会財産の没収と流血の衝突

革命とそれに続く内戦によってロシアは荒廃し、一九二一年には数百万人の餓死者が出るといった深刻な事態が発生するにいたった。ヴォルガ河流域は肥沃な土地に恵まれ、豊かな穀物を産出するが、しかし、一たび日照りに見舞われると、数年間にわたって不作が続く。かつて一八九一年にもこの地を凄まじい飢饉が襲ったので、農民たちは穀物を備蓄して、この悲劇の再発を防いでいた。しかし内戦中に、これらの穀物はすべて徴発されてしまった。その結果、一九二〇年に始まった日照りは、深刻な不作と未曾有の飢饉を引き起こしたのである。

この飢饉を救済するためにいち早く「世界の諸国民と正教徒に向けて」アピールを発したのは、チーホン総主教であった。さらに一九二一年八月、世界の諸宗教の首長に対して同様のアピールが送られた。ロシア正教会は「飢餓救済委員会」を設立し、本格的な救済活動を開始した。

しかし、ソヴィエト政府はこの委員会の設置を認めず、直ちに解散して、寄付金のすべてを政府機関に引き渡すように命令し、さらに教会財産の没収を通告した。これに対して一九二二年二月一九日、チーホンは礼拝用の聖器物を除いて貴重品のすべてを廃棄するように訴えることで応じたが、政府は直ちに一切の教会財産を徴収しはじめた。総主教は結局、礼拝用を除いて教会財産の引渡しに応じる通達を発した。こうしたチーホンと政府とのやり取りが行なわれる中で、一九二二年半ばまでに、教会財産の押収をめぐって一四一四件にも上る流血の衝突が各地で発生した。

最も血なまぐさい衝突は、モスクワにほど近い、紡績工業が盛んなシューヤ市で起こった事件である。『イズヴェスチヤ』紙（一九二二年三月一五日）はこう伝えている。

　群衆が教会広場に集まりはじめた。女性や子供もたくさんいた。騎馬警官が現われると、彼らに罵声や石や薪が投げつけられた。誰かが鐘楼で警鐘を鳴らしはじめた。鐘は一時間半も鳴り響き、大群衆が広場に集まった。

　数十人の兵士と機関銃で武装した二台の自動車が広場に来ると、あられのような石つぶてとピストルの弾が飛んできた。……軍隊は一斉射撃で応戦し、四人が死亡、一〇人が瀕死の重傷を負った。

当時のソヴィエトの新聞はこうした記事で一杯である。

ヴェニアミン府主教の裁判――革新教会派の陰謀

教会財産の収奪をめぐって行なわれた裁判の中で、よく知られているのは「ペトログラード府主教」ヴェニアミン・カザンスキーを裁きの場に引きずり出した裁判である。ヴェニアミンは一八七四年、北ロシアの貧しい村司祭の子として生まれた。彼は「ペトログラードの主教」に叙聖されてからも、謙遜な姿勢を失わず、教区司祭のように、困窮している労働者の住居を訪問し、自ら洗礼、婚配、埋葬の「機密（秘蹟）」を行なった。彼の家はいつも援助を必要としている貧しい信徒たちで溢れていた。主教は彼らを親切に迎え入れ、さまざまな慈善を施した。ペトログラードの信徒たちは、一九一七年の二月革命直後に民主的な選挙という方法でヴェニアミンを府主教に選ぶことでこれに報いた。ヴェニアミンの選出は、一七世紀以来、信徒と聖職者が自らの意思で管区主教を選んだ最初の出来事であった。彼の説教は非常に明快で、多くの人々に敬愛された。しかし、カリスマ的魅力を具え、労働者階級の間でも人気の高い聖職者の存在は、新しく成立したソヴィエト政権にとって好ましいものではなかった。

ヴェニアミン府主教は一九二二年六月一〇日、「国家飢饉救済委員会」による教会財産の没収を妨害したとして逮捕された。この逮捕には、後述する（一六三ページ）「生ける教会

――革新教会派（ジーヴァヤ・ツェルコフ）」の陰謀が絡んでいた。彼らはこの機会を捉えて、チーホン総主教に忠誠を誓う全聖職者を「反革命分子」と決めつける弾劾状を『ペトログラード・プラウダ』紙に掲載した。そしてペトログラードの府主教庁を占拠しようとした。これに対してヴェニアミンは、革新教会派の首謀者たちを破門した。こうして彼は告発され、裁判に付されることになったのである。

ヴェニアミンの弁護役を務めたのは、府主教自身が弁護を依頼したユダヤ人弁護士ヤ・グゥロヴィチであった。彼は検察官の告発に一つひとつ反論を加え、府主教が誠実で高徳のキリスト教徒である事実を強調した。さらに彼は革新教会派の恥ずべき裏切り行為を非難し、彼らがソヴィエト政府にとっても信頼するに足る味方ではないと指摘した。このユダヤ人弁護士は、検察官に次のように告げることで弁論を締め括った。「あなたは府主教を殺すことはできる。しかし、彼から勇気を、高邁な思想と行動を奪い取ることはできないのだ」と。

ヴェニアミン自身も最終弁論で、彼が人民の選挙によって府主教に選ばれた事実を想起させ、次のように訴えた。

　私は人々のために……働き、平和をもたらし、大衆を宥《なだ》めました。私は国家に忠誠を誓い、政治に関わることを避けてきました。私がすべての告発を否定することはいうまでもありません。いま私は使徒の言葉〈あなたがたのうち……悪を行なう者……として苦しみにあうことのないようにしなさい。しかし、キリスト教徒として苦しみを受けるのであれば、恥じることはない。かえって、この名によって神を崇めなさい〉を想い起こしながら、静かに判決を待っています。（D・ポスピエロフスキー、前掲書）

同じ理由で告発された修道院長（掌院）セルギー（シェイシ、一八六三―一九二二、一九九二年列聖）も最終弁論で、自分と地上の生活とを結びつけているものがいかに小さいかを指摘し、次のように述べた。「この最後の絆を切断することが私を驚かすなどと、どうか法廷の皆さんも考えないで頂きたい。あなたがたの務めを果たしなさい。私はあなたがたを憐れみ、あなたがたのために祈ります」と。

結局、府主教ヴェニアミンを含む一〇人が死刑を宣告された。後に六人が懲役刑に減刑されたが、彼ら以外に二二人が禁固刑に処せられた。

五四人裁判と教会の内部分裂

一九二二年にいたって内戦に勝利して当面の危機を脱したボリシェヴィキ政権は、政府による聖器物の徴発に教会指導者が抗議した機会を捉えて、教会に対して新たな弾圧を加えはじめた。同年四月から五月にかけてモスクワの最高裁判所で行なわれた、いわゆる「五四人裁判」がそれである。この裁判は、反革命活動、すなわち教会財産の没収に反対する煽動を企てた嫌疑で、正教会指導者を被告席に引きずり出した報復裁判であると同時に、高位聖職者と有力信徒の粛清を通じて教会の「聖職位階制」の破壊を狙いとする政治ショーでもあった。この裁判では、一一人の被告に死刑が宣告され、結局その中の五名が処刑された。

他面において「五四人裁判」は、ロシア正教会に内部分裂という新たな危機をもたらした。それというのも、この裁判が進行する過程で教会内部にチーホン総主教の方針に批判的な聖職者グループが存在することが暴露されたからである。裁判所は軟禁中のチーホンを被告側の証人として喚問する一方、政府側の証人として「ナルヴァの主教」アントニン（グラノフスキー、一八六五―一九二七）の証言を求めた。チーホンが教会法の優位性を主張して、教会法に抵触する政府命令に従うことを拒否したのに対して、アントニン主教は反論を加え、ロシア正教会の反ボリシェヴィキ政策を厳しく非難した。

ロシア正教会を分裂の危機に陥れた反総主教グループは、革命後間もなく、ボリシェヴィキ政権の支援を受けて、チーホン体制に不満をもつ「妻帯司祭」、長司祭アレクサンドル・ヴヴェジェンスキー（一八八九―一九四六）や司祭ウラジーミル・クラスニツキー（一八八〇―一九二四）などを主勢力とし、さらにごく少数の高位聖職者（主教）も加わって、いわゆる「生ける教会――革新教会」派を結成した。これら親ボリシェヴィキ的な革新派の聖職者たちは、チーホン総主教をはじめとする教会首脳部の逮捕、収監によって生じた間隙を衝いて、教会指導の全権限を掌握しようと謀った。一九二二年五月一〇日、彼らは秘密警察の応援を得てモスクワ総主教庁事務所を占拠し、停職中のアントニン主教を首長とする教会監督局を設置した。革新教会派はソヴィエト政府に対する完全な忠誠を表明し、マルクス主義をキリスト教の教えに適った社会経済哲学として受け容れ、さらに教会財産の没収を積極的に支持した。

他方ボリシェヴィキ政権は、ロシア正教会内部の分裂が公然化した機会に乗じて、革新派聖職者に積極的な支援——資金援助や教会施設の使用許可——を与え、内部抗争をさらに激化させることによって、聖職位階制の破壊と総主教制の廃止を企てたのである。

ボリシェヴィキ政権が新たに開始した宗教弾圧はこのように、ロシア正教会に対して内外の両面から攻撃を加えることに成功し、教会組織、とくに聖職位階制の破壊に大きな成果を収めた。これら教会財産をめぐる迫害によって、一九二一年から一九二三年までに、八一〇〇人の聖職者、すなわち二六九一人の妻帯司祭、一九六二人の修道士、三四四七人の尼僧が、そしておびただしい数の正教会信徒が殺害されたのであった。

しかしながら、激しい弾圧が行なわれたにもかかわらず、教会活動はむしろ活気を呈し、たとえば一九二五年には正教会信者数は実に九パーセント増加しさえしたといわれている。これに対して政府はさまざまな方法で対抗した。教会の外では官憲の許可なしには宗教儀礼も祝典も全面的に禁止された。さらに党イデオローグのエメリヤン・ヤロスラフスキー（一八七八—一九四三）が率いる反宗教闘争、すなわち「戦闘的無神論者同盟」の活動が活発化するのはこうした背景においてなのである。

チーホン総主教の転向

翌一九二三年四月に開かれたチーホン裁判において、正教会が置かれた困難な状況に深く絶望していた高齢の総主教は、ソヴィエト政府に釈放を請うて、心ならずもそれまでの反ソ的言動を撤回することを誓言した。

私はソヴィエト憲法に違反したことを後悔している。私の釈放が許されるよう最高裁にお願いする。今後、私はソヴィエト政府に敵対しないであろう。

チーホンは直ちに釈放された。しかしそれと同時に、ロシア正教会はボリシェヴィキ政権の執拗な攻撃に雄々しく立ち向かった指導者を失い、世俗権力の統制に服することを余儀なくされた。ソヴィエト体制の最大の対抗勢力であったロシア正教会は、こうして革命後数年を経てボリシェヴィキ政権の軍門に降ったのである。

他方、革新教会派は正教会指導者間の対立を激化させただけで、それ以上の成果をあげなかった。彼らは一般信徒の間で支持者をほとんど獲得することができなかったばかりか、グループ内部にさまざまな対立抗争が生じて、その勢力を結集することができなかったからである。しかし、秘密警察の支援を得た革新教会派はその後も大祖国戦争が終結するまで、ソヴィエト当局との協力関係を維持し続けた。そして革新教会派との協力を拒否したという理由で、多くの有力な教会指導者が犠牲になった。後述する「クルチッツの府主教」ピョートル（ポリャンスキー、在位一九二四―三七）は一九三七年極北の地で、「ヴェレヤの大主教」イラリオン（トロイッツキー、在位一九二三―二九）は一九二九年レニングラードの囚人移送病院で永眠した。

総主教制継承への努力

一九二五年四月チーホン総主教が永眠すると、厳しい監視下に置かれていた主教たちは「通信による投票」という方法で新総主教を選出しようと企てた。彼らはメッセンジャーとして、二人の平信徒イ・クフシノフ親子、修道士タヴリオンを各主教の許《もと》に派遣した。しかし、クフシノフ親子は逮捕、処刑され、タヴリオン修道士も以後二七年間を監獄、収容所そして流刑地で過ごすことになる。

投票権を有する主教たちの名簿を入手したソヴィエト当局は、彼らを逮捕することによって、教会法に基づく「総主教座」の継承を阻止しようと謀った。その結果、一九二七年までに逮捕者は一六〇名の主教中一一七名に上った。

こうした困難な状況にあっても、ロシア正教会はあくまでも総主教制を維持し、教会の自立独立権を守り抜こうとした。生前チーホンは万一の場合を予想して、自らの意思で三人の臨時総主教代理を指名していた。だが、彼らはすでに獄中にあった。三人の代理の中の一人、「クルチッツの府主教」ピョートルは、不測の事態に備えてさらに彼らの後継者たるべき三人の代理を指名した。この三人の中の一人が、後に総主教となる府主教セルギー（ストラゴロドスキー、総主教在位一九四三―四四）であった。

ソヴィエト国家への迎合と教会の合法化

チーホン死後の事実上のロシア正教会首座に就任した府主教セルギーは、聖職者や信徒たちの間で不人気をかこち、彼らの支持を得ることができなかった。彼の選任が余りにも異例の形で行なわれたためである。しかし、その後のソヴィエト国家に対するロシア正教会の妥協的、迎合的な姿勢を定着させ発展させたのは、セルギーが教会首座の地位にあった時期のことであった。一九二七年、セルギー府主教はソヴィエト政府との融和を訴える〝忠誠宣言〟を表明し、妥協を許さなかったチーホンの基本路線を根本から変更した。いわゆる「セルギエフシチーナ（セルギー路線）」である。以後、ロシア正教会はこの路線を認めない反対派を生み出しはしたが、全体としてはソヴィエト政府への同調と屈伏の姿勢を示すようになる。

一九二六年、総主教代理の地位にあった府主教セルギーはロシア正教会の合法化を獲得するために、ソヴィエト政府との交渉を開始した。ソヴィエト政府が教会の指導者である主教を罷免する権限を要求したとき、セルギーは拒否し逮捕された。

その間にも信者は増え続けた。ソヴィエト当局は弾圧政策を強化し、とくに教会の経済的基盤を破壊しようと努めていた。このように教会が置かれた状況がますます困難となる中で、セルギーは逮捕後もソヴィエト政府と粘り強く交渉を続け、ついに一九二七年に釈放された。そして七月二〇日、彼は次のような「宣言」を公表したのである。

セルギーの忠誠宣言

われわれ教会人が、ソヴィエト国家の敵たちとともにあるのでなく、また彼らの陰謀の手先とともにあるのでもなく、わが人民、わが政府とともにあることを証明して見せることが……いまやわれわれにとっての緊急の課題である。

われわれは……正教信徒の宗教的要求にかくも配慮されたこと――臨時聖宗務院を設置することについての許可――に対してソヴィエト政府に謝意を表明する。同時にわれわれは、われわれに与えられた信頼を濫用しないことを政府に約束する。

われわれは正教徒であることを望むと同時に、ソヴィエト国家が、その喜びと成功がわれわれの喜びと成功であり、その不幸がわれわれの不幸である、われわれの祖国であると表明する。われわれは正教徒であると同時に、「恐怖からでなく、良心から」ソヴィエト国民でなければならないと考える。それは、使徒がわれわれに教えていることである。

しかし、総主教代理セルギー府主教の「忠誠宣言」は、ほとんど何らの効果ももたらさなかった。ロシア正教会が置かれていた環境は改善されなかったし、国家からの譲歩も皆無に等しかったからである。なるほど神学大学が一九二七年に一時再開されたが、二年後には閉鎖された。わずか二、三人の主教が復権したが、聖職者の逮捕は相変わらず続いていた。教会の強制的閉鎖も相次ぎ、ソヴィエト政府は総主教の監督権も教会の合法性も認めなかった。一九二九年にはまた、宗教団体を規制する悪名高いいわゆる「一九二九年法」――「宗教団体に関する法律」――が発効し、一四四〇の教会が閉鎖された。さらに、日曜日に礼拝が行なわれるのを不可能にするために、週間制による労働日制度が改められた。こうしてロシア正教会は潰滅的な打撃を受け、組織として存続することさえも困難な状況に追い込まれたのである。

反セルギー派の弾圧

総主教代理セルギーがボリシェヴィキ政権に対して全面的な忠誠を表明したわけではないことも指摘されなければならない。彼は「共産主義イデオロギー」に対してではなく、「国家」に対して「市民」としての忠誠を誓ったのであった。事実、セルギーの宣言は、教会のために一定の精神的独立を確保しようとした彼の努力の表われでもあったのである。

しかし、事態がむしろ悪くなったために、セルギーの不幸な宣言は、多くの聖職者や信徒たちが教会首座であるセルギー府主教のために祈りを捧げることを拒否するほどの、激しい拒絶反応を引き起こした。セルギー府主教の真意がいずれにあったとしても、彼の融和路線は、ロシア正教会の聖職者や信者たちの心に癒し難い傷痕を残したのである。

セルギーの忠誠宣言はまた、ロシア正教会の正統性を否認し、あるいはモスクワ総主教庁の監督権を拒否するといった、さまざまな地下教会の誕生をもたらした。これらの中でも真の正教信仰の復興を目指した、反体制的な「真正正教会」はその代表的なものである。

一九二八年から一九三一年にかけて逮捕された主教のほとんどが、セルギーに反対した人々であった。当時拘留されていた教会関係者はしばしば、皮肉にも、秘密警察の尋問中に「ソヴィエト教会を統括している（わが）セルギー府主教に対する態度」について尋ねられたという。非公開の内部資料によると、一九二八年から二九年にかけて、最も恐れられたソロヴェツキーの強制収容所の全収容者の二〇パーセントが、正教会関係者であったとされている。一九二八年から三一年までに、さらに三六人の主教が投獄され、流刑に処せられた。一九三〇年代末には、収監されるか、流刑に処せられた主教は一五〇人を超え、そのうちでセルギー府主教と袂を分かった主教は三七人にも上った。

第八章　ソヴィエト体制下のロシア正教会

スターリンの教会弾圧

一九二一年にレーニンがはじめた「新経済政策（ネップ）」と、それに伴うイデオロギー統制の緩和は二〇年代末には終焉し、これに代わってスターリンは急激な工業化と農業集団化を通じて〝上からの〟革命を断行することになる。スターリン政権は、第一次五ヵ年計画（一九二八―三二）に対する反対を抑圧するために、ウクライナで数百万の農民を餓死にいたらせ、また数百万の市民を労働キャンプに送り込むか、あるいは銃殺隊の前に立たせた。こうした中で、それまで戦術的な理由から中断されていた宗教迫害も再開されたのである。

総主教代理セルギー府主教によると、一九三〇年当時、ロシア正教会は三万の教会、一六三人の主教、六万人の司祭、そして数千万の信徒を擁していた。しかし、強制的な教会閉鎖が始まると、翌一九三一年には教会数は激減し、二万強を数えるだけになる。モスクワでは一九一七年当時と比べると教会は半減した。一九三二年になると、「戦闘的無神論者同盟」が積極的な反宗教闘争を展開しはじめた。「反クリスマス・キャンペーン」や「反イースター・キャンペーン」といった運動である。ロシア正教会はますます勢力を失い、一九三三年には活動している教会は革命前の一五～二五パーセントにまで減少した。一九三〇年代末の時点で、ロシア正教会の教区数は数百を数えるに過ぎなかったといわれている。

一九三二年には、活動していた修道院のほとんどすべてが破壊された。たとえば、レニングラードでは二月一八日、三一八人の修道士と修道女が強制収容所に送られた。そして、二二の聖堂が閉鎖された。モスクワでは、四〇〇以上の聖堂と修道院が爆破された。当時のソ連の一般紙もしばしば教会破壊の実態を発表した。『イズヴェスチヤ』紙（一九三六年八月一二日）と『プラウダ』紙（一九三七年四月一五日）は、次のような数字を挙げて、その成果を伝えている。

都市、地区	革命前	一九三四年―三七年
・ベルゴロド市と同地区	聖堂四七、修道院三	教会四（一九三六年）
・ノヴゴロド市	聖堂四二、修道院三	教会一五（一九三四年）
・クイブィシェフ（前サマラ）市とその管区	聖堂、モスク、その他の寺院二二〇〇	三二五（一九三七年）

壊滅的な教会攻撃

しかし、スターリン体制下の教会攻撃はこれにとどまらなかった。これ以後、本格的な迫害が始まり、もはや利用価値のなくなった革新教会派をも含めて、ロシア正教会は壊滅的な打撃を被ったのである。その結果、一九三九年にはソ連邦国内で実際に活動している教会は、実に一〇〇程度にまで減少したと見られている。レニングラードでは一九一八年当時、四〇一に上った正教会が五つを数えるに過ぎなかった。

教会攻撃がもたらした聖職者の犠牲も戦慄《せんりつ》すべきものであった。一九三二年以降の主教の逮捕者数は、一九三六年の二〇人、翌三七年の五〇人をはじめとして全部で一〇〇人に上った。一九三〇年に府主教セルギーが挙げた一六三人の主教の中で、八六人の主教が七年後に収容所の奥に姿を消した。同時期に二九人の主教が死亡し、二七人が〝引退〟させられた。結局、一九三〇年代と四〇年代に総主教教会と革新教会派とを合わせて、約六〇〇人の主教が殉教したといわれている。

迫害の犠牲が主教などの高位聖職者に限らず、教区司祭にも及んだことはいうまでもない。レニングラードでは、一九三五年当時に教区司祭を務めていた一〇〇人の聖職者の中で、一九四〇年まで生き延びたのは七人だけであった。革新教会派の場合は、一九三五年当時五〇人を数えた司祭は一九四一年には八人が生存していただけであった。モスクワやレニングラードといった大都会は外国人の目に触れるために、他の地域に比して迫害の程度は低かったと思われる。こうしたことから、地方の教会と聖職者に加えられた弾圧の実態が想像されよう。結局、一九三〇年代の一〇年間に三万人から四万人のロシア正教会聖職者が銃殺されるか、もしくは収監されたと見られている。また修道院から追い出された修道士や尼僧も流刑に処せられ、監獄に放り込まれ、あるいは射殺された（レフ・レゲリソン『ロシア正教会の悲劇　一九一七年―一九四五年』）。

一九三六年、社会主義の勝利を謳い上げた、いわゆる「スターリン憲法」が制定され、すべてのソヴィエト市民は法的には平等な権利が保障された。その結果、聖職者とその家族が迫害されることも、また子弟の教育が制限されることも、公式にはもはやないはずであった。しかし依然として宗教弾圧は続き、スターリンの粛清がピークに達した一九三七―三八年、宗教関係者をも巻き込んで多くの〝見世物裁判〟が開かれた。彼らは「社会主義体制下の階級闘争の激化」というスローガンの下で、〝反革命〟や〝スパイ〟の自白を強要され、処刑を含むさまざまな迫害を受けたのであった。三〇年代に行なわれた宗教迫害の具体的な事例をいくつか紹介してみよう。

処刑された聖職者たち

「キエフおよびハリコフの大主教」アレクサンドル（ペトロフスキー、在位一九三七―三八）は、一九三二年に叙聖され、セルギー府主教によってハリコフの主教に任命された。一九三九年彼は突然逮捕され、正式に告発されないまま獄中で死亡した。自然死か殺人かは不明である。「キエフ府主教」コンスタンチン（ジヤコフ、在位一九三四―三七）は一九三七年に逮捕され、一二年後に裁判を受けることもなく射殺された。

北ロシアの「アルハンゲリスク大主教」アントニー（ブィストロフ、一八五八―一九三二）は、一九三二年に逮捕された。当局はアントニー大主教に「ソヴィエト国家の敵」であると自白させようとしたが、しかし彼は断固として応じなかった。獄中で彼は拷問を受け、衰弱死した。「ミンスクの府主教」セラフィム（メシチェリアコフ、一八六〇―一九三三）は、ソヴィエト政府から嫌われていた。革新教会派の指導者であったセラフィムは、公衆の前で悔い改めて総主教教会に復帰したからである。その直後の一九二四年に彼は逮捕され、ソロヴェツキーの強制収容所に送られた。彼は一時釈放されたが、すぐに再逮捕され、裁判もなしにロストフ・ナ・ドンで一二二人の司祭や修道士たちとともに射殺された。「ザゴルスクの大主教」ヴァルフォロメイ（レーモフ、一八八八―一九三五）は一九三五年、当局の許可なしに密かに神学大学院を設立し、数年間にわたって神学教育を行なったために射殺された。彼は自分の教え子であるアレクシー（後に主教）に告発されたのである。

モスクワで最も影響力のある教区司祭の一人であった長司祭ヴァレンチン・スヴェンチツキー神父（一八七九―一九三一）はジャーナリストであり、作家であり、また革命前からキリスト教社会主義を信奉する社会思想家でもあった。ツァーリ体制下にあって彼は警察の追及を逃れて、西欧で亡命生活を送ることを余儀なくされた。ボリシェヴィキのクーデタ後に彼はチーホン総主教監督下のロシア正教会で司祭に叙聖され、反革新教会派のリーダーとして活躍した。一九二八年彼はシベリアに流刑され、三年後に死亡した。セルギー府主教の路線に批判的であったスヴェンチツキー神父も、死を前にして和解し、セルギー派教会の一員として生涯を終えたのであった。

一九三三年夏のある夕方、シベリアでタイガの地質調査に従事していた地質学者グループが、強制収容所の近くでキャンプを張ったときのことである。彼らは突然一群の囚人が収容所警備隊に引き立てられ、新しく掘られた溝の前に並ばされるのを目撃した。警備隊員が地質学者たちを見つけると、彼らにこれらの囚人は〝反ソヴィエト分子〟の聖職者であると伝え、テントを移動するように命令した。テントで夜を過ごしていた地質学者たちは、聖職者が一人ずつ処刑されるたびに、神の存在を否定すれば生き延びるチャンスがあると告げられるのを聞いた。しかし、いずれの答えも「神は存在する！」というものであった。静寂が戻るまで、ピストルの発射音が六〇回鳴り響いたという（D・ポスピエロフスキー、前掲書）。

グラースノスチがあばいた聖職者の死

人を惹き付ける個性、カリスマ的性格、教会への献身——こういったことも迫害の理由となった。こうした魅力や資質を具えた聖職者の中でも最も著名な人物の一人は、「司祭＝教授」パーヴェル・フロレンスキー神父（一八八二—一九三七）である。

一九八九年一一月二四日、フロレンスキーの遺族はモスクワ市カリーニン地区の戸籍課から、フロレンスキー神父が一九三七年一二月八日にレニングラードで銃殺刑に処せられたという報せを受け取った。これまでの公式発表は、神父は極北の収容所で一九四三年一二月一五日に死亡したというものであった。ゴルバチョフのグラースノスチ政策は、それまで噂の域を出なかった一人の聖職者の死に関する真相を明らかにしたのである。

フロレンスキー神父は二〇世紀のロシア正教会を代表する神学者の一人であった。同時に彼はモスクワ教育大学の電気工学の教授であり、ソ連邦電化推進中央本部の最高顧問であり、音楽学者であり、美術史家でもあった。これらすべての分野で彼は公的なポストをもち、講義を行ない、多くの著作を公刊した。他方で彼は司祭職を務め、大学の講義中にも法衣を着け、胸の十字架を外すことがなかった。彼のこうした多彩な才能と活動が、しばらくはボリシェヴィキ政権の直接的な迫害を招くことを防いではいた。しかし、一九一八年から一九三三年の逮捕にいたるまで、フロレンスキー神父はすでに秘密警察の厳しい監視の下に置かれていたのである。

一九三三年二月二五日、フロレンスキー神父は「充分な証拠もなしに」(一九九〇年一月一一日のKGBの報告書)、「反革命煽動と宣伝並びに反革命活動の組織化」の嫌疑で、すなわち悪名高い「ソ連邦刑法五八条一〇―一一項」に該当する罪状で逮捕された。

尋問はモスクワのブトィルカ刑務所で秘密警察の係官によって行なわれた。フロレンスキー神父とともに、彼が指揮していると疑われた教授や科学者から成る〝非合法組織〟のメンバーも逮捕された。その非合法組織は正教会に基礎を置く共和政府の設置と、ローマ・カトリック教会と正教会の統一を画策しているというのが、嫌疑の内容であった。一九三三年七月二六日に出された判決は、強制収容所一〇年の刑であった。この判決の隠された狙いは、正教信仰に基づくフロレンスキー神父の〝イデオロギー的反抗〟を粉砕することにあった。

　フロレンスキー神父は東シベリア収容所に送られた。一九三三年一二月一日から彼は、バイカル・アムール収容所群の研究部門で働いていた。次いで一九三四年二月一〇日から、彼は中ソ国境に近いスコヴォロディナ実験場で凍土の研究に従事していた。

　一九三四年七月と八月初めに、彼の妻アンナと三人の幼い子供たち——オリガ、ミハイルそしてマリア——が神父に面会することを許された。この面会は、作家ゴーリキーの妻E・ペシコーヴァの口添えで実現したものであった。だが、この面会の目的は単なる家族の再会ではなかった。哲学者としてもその名を世界的に知られたチェコスロヴァキア共和国初代大統領トマス・マサリク（在任一九一八—三五）がフロレンスキー神父の釈放とチェコスロヴァキアへの移住について、ソヴィエト政府と交渉する用意のあることを申し入れていたのである。しかし、フロレンスキー神父には亡命の意思はなかった。

　一九三四年九月一日、彼は厳しい監視の下でアルハンゲリスク近くの白海にあるソロヴェツキー収容所に送られた。彼は収容所内のヨード生産工場で働かされたのである。一九三七年五月、ソロヴェツキー収容所が「ソロヴェツキー特殊監獄」に統合されると、フロレンスキー神父は数人の漁師とともにニシン漁に従事させられることとなった。翌六月、大量銃殺のために囚人を移動させる作戦が開始された。一一月二五日、ソロヴェツキー島から南に六〇〇キロメートル離れたレニングラードで、突然レニングラード地区秘密警察による尋問が行なわれた。尋問の目的は、この「司祭＝教授」の活動に終止符を打つことであった。パーヴェル・フロレンスキー神父は死刑を宣告され、そして二週間後の一二月八日、この多才な神父は銃殺されたのであった。

フロレンスキー神父の殉教

しかし、フロレンスキー神父の名前は忘れられることはなかったし、またその活動を抹殺することもできなかった。彼はロシアで記憶されているだけでなく、世界中に知られ尊敬を集めていたからである。彼の著作はさまざまな言語に翻訳され紹介された。最近のロシアでも、フロレンスキー神父の「神秘主義哲学」は人々の関心を集め、高い評価を得ている。革命前に「合法マルクス主義者」として、また政治経済学の教授として活躍し、後に神学に転向して聖職者

パーヴェル・フロレンスキー神父と彼の死亡証明書（『共産主義諸国の宗教』より）。

となり、革命後パリに亡命したセルゲイ・ブルガーコフ神父(一八七一―一九四四)は、フロレンスキー神父を追悼して、こう述べている。

コーカサス地方に生まれたパーヴェル・フロレンスキー神父は、自ら聖三位一体セルギー修道院の中に約束の地を発見した。彼はその地の隅々まで、一本の木にいたるまで愛した。彼はその地の四季を愛した。私はパーヴェル神父の中で燃え上がっていた祖国愛を表現する適切な言葉を知らない。……

彼が輝かしい未来と、疑いもなく世界的名声が待ち受けていた外国に亡命しようとしなかったのは偶然ではない。……

無論、彼は自分に何が待ち受けているかを知っていた。彼が知らなかったことなどあり得ない。そのことは祖国の人々の運命を見れば、細大洩らさずわかることであった。……彼の人生には二つの可能性の選択があった。すなわち、ソロヴェツキーか、それともパリかの選択である。そして彼は選んだ。それがソロヴェツキーであろうと、自分の祖国を。彼は最後まで祖国の人々と運命を分かち持つことを望んだ。……彼自身と彼の運命は、ロシアの名誉と偉大さとを意味している――しかしそれは、同時にロシアの最悪の犯罪の一つでもあるのだ。

(ハーマン・ゴルツ「パーヴェル・フロレンスキーの死」『共産主義諸国の宗教』)

監獄から生還した府主教

タシケント大学の創設にも参画し、有能な外科医として初代の医学部教授を務めた「タンボフの大主教」ルカ（ヴォイノ＝ヤセネツキー、一八七七―一九六一）は、長期間にわたった監獄生活に耐えて生き延びた数少ない高位聖職者の一人である。一九四五年一二月、彼が軍医として挙げた功績に対してメダルを授与する祝賀式が開かれた。彼は列席した政府役人に向かってこういい放った。

私はこれまで常に他の医師たちに私の知識を教えてきたし、これからも伝えていきたい。私は数百人の、恐らくは数千人の負傷者を救ってきた。もしあなたがたが私を逮捕したりせず、また私には何の罪もないのに、一一年間も監獄に入れたり、流刑に処したりしなければ、私は確実にもっと多くの人々を助けることができただろう。どれほど多くの歳月が失われ、どんなにも多くの人々が……私の治療を受けることなく死亡したことだろうか。

（レフ・レゲリソン、前掲書）

彼が最初に投獄されたのは一九二三年、タシケントにおいてであった。当時、革新教会派は、この若く、輝かしい名声に包まれた主教を警戒していた。彼の罪状は、公式には中央アジアの「外国スパイ組織との関係」とされたが、実際は彼がチーホン総主教への忠誠を守っていたことであった。彼は三年間、遠隔の北シベリアの町エニセイスクに追放された。一九二七年に彼は再び逮捕され、裁判も開かれないまま三年間極北のアルハンゲリスクに流された。一九三七年、彼は三度目の最も苛酷な監獄生活を経験することになる。主教ルカは二年間にわたって拷問を受けたからである。しかし彼は、虚偽の自白書に署名することを拒否し続けた。結局、彼は北シベリアに追放された。

独ソ戦が勃発すると、感染症治療の専門医としての彼の才能と知識が脚光を浴びることとなった。流刑囚の身分を解かれないまま、彼はクラスノヤルスクに連れて行かれ、陸軍中央病院の感染症専門の主任外科医を務めさせられた。一九四六年、タンボフの大主教在任中に彼が書き上げた感染症に関する著作に対して、「スターリン医学賞」が授与された。彼は賞金を戦争孤児院に寄付したという。

信者の差し入れが救った主教

いま一人、一八八七年生まれの「コヴロフの主教」アファナシー（サハロフ、一八八七―一九六二）も、他に例を見ない長期間にわたる受難の歴史を経験した。一九五四年、最後の投獄生活から解放されたとき、彼はすでに三三年間主教の地位にあった。しかし、この全期間中に主教職を務めたのはわずか三三ヵ月に過ぎず、三二ヵ月を聖職者としての活動を許されず無為の中に、そして残余の歳月を監獄あるいは強制収容所で過ごしたのであった。

アファナシー主教が最初に投獄されたのは一九二二年のことであった。そのとき彼は、府主教セルギーら三人の主教とともに、政府による教会財産の没収に反対したとして逮捕された。その後彼は五度の逮捕、短期間の収監、流刑、そして五年に及んだ重労働刑を経験することになる。あるとき、主教職を引退するか、あるいはウラジーミル管区を離れるかすれば、釈放を認めるという申し出を受けた。彼は信者たちを見捨てることを拒絶した。

一九二七年四月、彼は再び逮捕され、セルギー府主教と同じ村で過ごすこととなった。しかし同年六月、セルギーは「忠誠宣言」に署名するために釈放された。他方アファナシーは他の主教たちとともに、ソロヴェツキーで三年の強制労働刑を科せられた。さらに彼は一九三〇年から一九四六年まで、正式の告発もなしに七度の投獄と流刑を経験した。公式には一九五一年に刑期満了予定の重労働刑を終えて、実際に釈放されたのは一九五四年であった。

彼はこれらの期間中、ずっと思いやりのこもった食糧や衣料などの援助を与え続けた信徒たちのおかげで生き延びることができたのであった。彼らの主教への愛と信頼は、むしろ別離の間に深まりこそすれ、消え去ることはなかった。後年彼はこう述懐している。「最初の二年と四ヵ月の監獄生活で私は七二度の差し入れを得たが、一九五四年だけで二〇〇回に及ぶ差し入れを受け取った」と。多くの人々の愛に包まれ、敬愛されたこの主教は、一九六二年に安らかに永眠した。

犠牲者の〝罪状〟

迫害を受けた多くの聖職者や平信徒たちに科せられた罪状は、すでに触れたように多岐にわたっていた。信徒たちの尊敬を集めているというただそれだけの理由で処刑された聖職者もいた。教会財産の没収に対する反対や抵抗も逮捕の口実となった。あるいはまた、革新教会派との対立やセルギー府主教の忠誠宣言に対する批判も犯罪と見なされた。これら以外に、ドイツや日本のスパイ、スターリンと対立したトロツキー派あるいはジノヴィエフ派、人民の敵、国有財産の横領、闇経済、反革命陰謀などが、教会関係者の投獄ないし処刑の理由とされたのである。

とくに一九三〇年代後半には、信者であることはいわば伝染病に感染しているのと同じように見られた。教会と何らかの関係をもつことは、時には生命をさえ危険にさらすような行為であった。教会を訪れただけで、職を失ったり逮捕される危険性があった。さらに家庭にイコンを所有していたり、司祭を自宅に招いて私祈禱を行なうことが、直ちに投獄される理由となったのである。

一九三〇年代と四〇年代における宗教迫害の全貌は、もとよりまだ明らかではない。とくに一般信徒と、修道士や修道女の犠牲者は余りにも多数にのぼり、ほんの一部を除いてまったく不明なのである。

一九四〇年のソ連邦宗教人口

こうした迫害が不断に加えられ、教会の多くが閉鎖されたにもかかわらず、一九四〇年当時、スターリン政府が試みた概算によっても、ソ連邦の宗教人口は、実に総人口の四〇～四五パーセントに当たる八〇〇〇万人から九〇〇〇万人を数えたといわれている。一九三九年に実施された国勢調査は、その結果が公表されなかった。その最大の理由は、何らかの宗教信仰を申告する国民の数が、当局の予想をはるかに超える数値を示したためであったと思われる。これ以降、ソ連邦の国勢調査では宗教を問う項目は除かれるようになった。さらに一九二九年の「宗教団体に関する法律」に定められた教区の登録義務を拒否した教会が、地下教会として活発な活動を展開するようになるのもこの頃のことである。

ところが、大祖国戦争が勃発するや、ロシア正教会が置かれた状況に一大変化が生じることになる。それはほかでもない、ナチス・ドイツ軍の侵攻によって生まれた状況変化であって、ロシア正教会はソヴィエト体制下で復活を遂げるこの上ないチャンスを獲得するにいたるのである。

ナチス・ドイツの侵攻と総主教代理セルギーのメッセージ

一九四一年六月二二日、ナチス・ドイツ軍はバルバロッサ作戦を開始し、なだれを打ってソ連領内に進撃した。ドイツ軍侵入の一報が総主教代理セルギー府主教の耳に達すると、彼はスターリンにも先んじて、すべての正教会信者に向けて祖国防衛を訴えるメッセージを発した。セルギーは次のようにいう。

わが正教会は常にわが国民と運命をともにしてきた。わが正教会は常にわが国民の試練を担い、彼らの成功を育んできた。いまこのときに、わが正教会は国民を見捨てはしない。……キリストの教会は、わが祖国の神聖な国境を防衛する全正教徒を祝福する。主はわれわれに勝利を与えるであろう。

（ストローイェン、前掲書）

さらに同年一一月には、府主教セルギーは「キリスト教文明のために」、そして「良心と宗教の自由のために」ヒトラーに対する「聖なる戦い」に参加するように呼び掛けた。当時粛清を免れてロシア正教会に残っていた三人の府主教――セルギー、「レニングラードおよびノヴゴロドの府主教」アレクシー（シマンスキー、のちに総主教、在位一九四五―七〇）そして「クルチッツおよびコロムナの府主教」ニコライ（ヤルシェヴィチ、一八九一―一九六一）――は、とくに戦争協力に積極的であった。セルギー府主教は防衛基金を設立した。アレクシー府主教も多額の教会献金を集め、祖国ロシアの防衛に貢献したのである。

総主教代理セルギー監督下のロシア正教会のこうした姿勢は、ロシア民族主義とソヴィエト愛国主義の覚醒と高揚を促し、存亡の危機に陥ったソヴィエト国家を支援する上で大きな影響を与えた。そして同時にそれは、ソヴィエト体制下でロシア正教会が果たすべき役割を明らかにするとともに、ソヴィエト国家と教会との間のありうべき関係を規定するものであったといえよう。実際、ロシア正教会はこれ以後ロシア民族主義とソヴィエト愛国主義の鼓吹者としての使命に活路を見出し、ソヴィエト国家内に自らの地歩を固めていくのである。

ロシア正教会への大幅な譲歩

スターリンはこうしたロシア正教会の戦争協力を高く評価したばかりか、これに報いることも忘れなかった。一九四三年九月四日、スターリンはセルギーら三人の府主教をクレムリンに招き、親しく会見した。そして革命以来一貫して取り続けた攻撃的な反宗教政策を撤回し、宗教界、とりわけロシア正教会に大幅な譲歩を約束した。

すなわち、一九二五年以来エメリヤン・ヤロスラフスキーを長として反宗教キャンペーンを指導してきた「戦闘的無神論者同盟」の解散と反宗教的定期刊行物の廃刊を決定するとともに、他面では宗教の自由化をも推し進め、「革新教会派」の解散とセルギー府主教を首座とするロシア正教会への統合、チーホン死後一八年間にわたって空位であったロシア正教会総主教座の復活、総主教庁機関誌『モスクワ総主教庁ジャーナル』の刊行、神学校と神学大学の再開を認めるなど、かつてグルジアはトビリシの正教神学校生徒であったスターリンは、正教会に格別の厚意と譲歩を示したのであった。

スターリンとの会見から四日後、府主教セルギーを正式に新総主教に選出するために、一九人の主教が集まり、チーホンの死去以来一八年振りの宗教会議が開催された。こうして、総主教セルギーが誕生し、ロシア正教会の総主教制は復活したのである。

だがスターリンのこうした寛容政策が、教会側に一方的に有利に働いたわけでないことは論をまたない。なるほどスターリンの宗教政策の転換は、教会と国家との関係改善を促し、若干の有利な条件を獲得した教会の勢力回復をもたらしはした。しかしながら、スターリンの宥和政策が実際のところは、教会を国家の支配下に置き、国家の目的のために利用するという意図の下で遂行されたことが見逃されてはならないであろう。

スターリンは、かつて〝ツァーリの眼〟として帝政を支えた聖宗務院総長を想起させる「ロシア正教問題評議会議長（後年の宗教問題評議会議長）」の監督下に置くことによって、ロシア正教会を国家に奉仕する社会組織に造り変えることに成功した。つまり、すでに組織的な抵抗力を失っていたロシア正教会は、いまや無神論を標榜《ひょうぼう》するソヴィエト体制に忠実な従僕《じゅうぼく》として仕え、いっさいの世俗的問題への不介入の原則——慈善活動を含む社会活動の全面禁止——を遵守することによってのみ、その存続と活動とを許される境遇に甘んじることになった。スターリンが設定した国家＝教会関係の基本的枠組みは、ゴルバチョフ政権の登場にいたるまで、多少の曲折を経ながらも受け継がれてきたのである。

宥和政策の政治的理由

スターリンの宥和政策を動機づけたのは、何よりもまず第一に、大祖国戦争に対するロシア正教会の協力と支援の必要であって、一連の譲歩はいわばその報償であった。第二に、ドイツ軍占領下のソ連邦領土における宗教の目覚ましい再生が指摘されなければならない。この事実は、ソ連邦における宗教弾圧を際立たせ、ナチス・ドイツの反ソ宣伝に恰好の材料を提供するものと考えられたのであった。

教会に対する迫害が緩和された第三の、しかも最も重要な理由は、ロシア正教会の潜在的な動員力と政治的な影響力であった。教会が戦費調達のために募金活動を行ない、あるいは国民の愛国心をかき立てることによって、ソヴィエト政権に大いに貢献しうることはすでに証明済みであった。また宗教的寛容政策が、西側の連合国に好印象を与えることも考慮された。さらに、ロシア正教会は正教世界に「汎正教主義」を呼び掛けることによって、東欧とバルカン諸国の守護者たろうとするスターリン政府の野心を支援することができた。事実、ロシア正教会総主教庁渉外局長に就任した府主教ニコライ・ヤルシェヴィチは、ルーマニア、ギリシア、ユーゴスラヴィア、そしてチェコスロヴァキアの各正教会に結束と統一を呼び掛けるアピールを送ったのである。

一九四三年にスターリンとの間で成立した妥協策が、当時の「全体主義体制」の下で教会が存続するためのぎりぎりの選択であったことは想像に難くない。これによってロシア正教会は教会組織を守っただけでなく、教会法に基づく総主教制の継承を確保することができたからである。

ロシア正教会の復活と管区の拡大

一九四四年五月、心ならずも「忠誠宣言」に署名した〝不運な〟セルギーが永眠すると、翌四五年一月に開かれた公会でアレクシー府主教が新総主教に叙聖された。この公会には四一人の主教と数人の外国人ゲストが出席し、ロシア正教会の復活振りを内外に印象づけた。この公会はまた、総主教の役割を強化し、権威主義的で、中央集権化された教会組織を構築するための新しい「教会規約」を採択した。この規約では、教会の最高決定機関である公会の招集権は総主教にのみ委ねられることになった。

さらにロシア正教会は、管轄区域をも拡大した。大祖国戦争中に、北ブコビナの正教徒はロシア正教会の監督下に入った。一九四五年にはカルパチア地方の正教会がロシア正教会に移管された。同年に白ロシア西部と西ウクライナの正教徒が、そして翌一九四六年には今日の教会分裂の原因の一つとなっている「ウニヤ教徒（ウクライナ・ギリシア・カトリック教徒）」もロシア正教会に併合された。一九四五年から四六年にかけてバルト諸国の正教会もロシア正教会に再統合された。

聖職者の養成も本格的に行なわれるようになり、また聖堂や修道院が相次いでロシア正教会に返還された。一九四五年四月、外務大臣ヴィヤチェスラフ・モロトフはアレクシー総主教に、モスクワに加えて八つの神学校の開設と、教会内の印刷所の設置を約束した。一九四七年までに神学校と二つの神学大学は実際に開設されたが、印刷所は結局許されなかった。ザゴールスクの聖三位一体セルギー大修道院が返還され、院内にモスクワ神学校と神学大学が設置された。当初は司祭が不足し、聖職者の教育水準の低下が深刻な問題となったが、五〇年代に入ると神学校の志願者は急増した。一九五三年には三万人の司祭がおり、教区は二万から二万五〇〇〇に増えた。多くの教会が再開され、新しい教会も建設された。しかしながら、一九五〇年からスターリンが死去した五三年まで、主教は新たに二人が叙聖されただけであり、聖職者の逮捕や強制的な引退は相変わらず続いていた。

戦後の数年間、ロシア正教会高位聖職者がソヴィエト政府の外交政策を積極的に支援した事実はすでに触れた通りである。一九四五年五月、総主教アレクシーはキリスト教の聖地を公式に訪問し、途中、中東諸国を歴訪している。教会の対外政策の最高責任者は、総主教庁渉外局長のポストにあった府主教ニコライであった。彼は正教世界だけでなく、広く諸外国に向けて積極的な外交活動を展開した。たとえば、一九四五年英国を訪れ、ソヴィエト政府の「平和政策」をアピールしたのであった。

継続された反セルギー派への宗教迫害

独ソ戦の勃発を契機としてロシア正教会に対する宥和政策を推し進めたスターリン政権も、宗教弾圧そのものを中止したわけではなかった。なるほどスターリンは、ソヴィエト政権の統制に服する教会と聖職者に対しては寛大な態度をもって臨んだが、一九二七年の「セルギー路線」に批判的な聖職者や、宣教活動に余りにも熱心な司祭は、依然として迫害の対象となった。

反セルギー派のリーダーであった主教アファナシー（サハロフ）は、セルギーの忠誠宣言に対する反対がソヴィエト国家に対する反逆と見なされたために、逮捕され収容所に送られた。一九四五年のアレクシー総主教の選出に際しては、彼はその正統性を承認し、収容所から他の聖職者たちとともに新総主教に祝福を送った。しかし、アファナシー主教は他の反セルギー派の同志とともに、スターリン死後まで釈放されなかった。

ソヴィエト政権の宗教迫害は、生存中の聖職者に限らず、死後にも及んだ。反セルギー派の長老で、一九四二年に死去したセラフィム神父（バチューコフ）を生前に投獄することに失敗した治安当局は墓をあばき、神父の遺体を他の場所に棄てた。高徳のセラフィム神父は多くの人々から聖者として崇められていたので、彼の墓が巡礼たちの聖地となることを恐れたのである。

ドイツ占領地の解放と聖職者への迫害

ソヴィエト軍がドイツ占領地を解放すると、ナチスの迫害に抵抗してモスクワ総主教教会への忠誠を保ち続けた司祭や主教でさえ、投獄され収容所送りになった。

リガの教区司祭で、パリの聖セルギー神学大学を卒業したニコライ・トゥルベツコイ神父（一九〇七―七八）は、ラトヴィアのソヴィエト軍占領中も、またドイツ軍占領中も、一貫してモスクワ総主教教会に対して忠誠を保っていた。一九四四年、ドイツ軍が撤退しはじめると、彼は密かに救命ボートでリガを脱出し、ラトヴィア人の農家に隠れ、ソヴィエト軍の到着を待った。しかし、結果は彼が待ち望んでいたソヴィエト軍に逮捕され、敵と内通したとして一〇年の重労働刑を受けることになった。トゥルベツコイ神父の罪は、彼の聖職者としての熱意であり、ドイツ軍占領地域での伝道活動の成功にあったのである。

府主教イオシフ（チェルノフ、一八九三―一九七五）は、戦前アゾフ海沿岸の「タガンログの府主教」であって、タガンログがドイツ軍の占領下に置かれるまでは、ソ連邦の監獄と収容所ですでに九年間を過ごしていた。ナチス占領下では投獄の脅迫を受けながらも、モスクワのセルギー総主教代理を支持し、宣教活動を積極的に行なった。ところが、再びソヴィエト軍がやってくると、彼は東シベリアで一一年の重労働刑に服すこととなる。イオシフが最終的に釈放されたのは、実に一九五五年のことであり、最後は「アルマ・アタおよびカザフスタンの府主教」として永眠した。

スターリンの宗教的寛容政策の下でも、このように聖職者に対する弾圧は依然として続いていたが、この時期に全体としてロシア正教会が目覚ましい復活を遂げたことはまぎれもない事実であった。

フルシチョフ政権が再開した宗教攻撃

しかしながら、ロシア正教会とソヴィエト国家の、一見睦まじい協調関係はいつまでも続かなかった。一九五三年のスターリンの死から一九五六年まで教会は平穏であり、順調な発展を辿ったが、スターリン死後の権力闘争を勝ち抜いて最高指導者の地位に就いたフルシチョフ(ソヴィエト共産党第一書記、在任一九五三―六四)は、一九五九年より大々的な宗教弾圧を再開した。

フルシチョフの宗教弾圧は一九三〇年代のスターリン政権のそれにも匹敵する、大規模かつ徹底的なものであった。その結果、ロシア正教会は著しく勢力を弱めることとなった。一九一七年のロシア革命以来数々の迫害に耐え抜いて閉鎖を免れた六九を数えたロシア正教会修道院は、一九六五年には一五に減少した。一九六一年から翌年にかけて約一万の教会が閉鎖され、その後の数年間にさらに五〇〇〇の教会が活動を停止し、一九五八年当時活動していた二万五〇〇〇の教会が、一九六五年には八〇〇〇以下に激減した。一九六二年に管区主教が七四名から六三名に、教区司祭が二万名から一万四〇〇〇名に減少した。修道士と修道女も一万人から一挙に半減した。一九五〇年代に開校していた八つの神学校は一九六二年には五つに、後には三つに減ってしまった。フルシチョフによって一九五九年に大々的に開始された宗教攻撃の戦果は以上のようなものであった（リチャード・マーシャル・ジュニア編『ソ連邦における宗教の諸相　一九一七年―一九六七年』）。

ロシア正教会復活の脅威

こうしたフルシチョフの反宗教運動が、単にフルシチョフ個人の偏見を反映したものではなかったことは無論である。その動機となった第一のものは、彼自身が行なった「非スターリン化」がもたらした〝イデオロギーの弛緩〟と、その結果ソヴィエト社会に生じた〝道徳的頽廃〟であった。共産主義指導者としてフルシチョフは、無神論に基礎づけられた新たな共産主義の理想を提示する必要を感じていた。第二に、ソヴィエト体制下で育った若い世代の間で宗教への関心が増大しつつあった事実が指摘されよう。

宗教攻撃の第三の理由は、一九四三年に総主教制が復活し、顕著な発展を遂げつつあったロシア正教会の存在そのものであった。聖職者の養成も本格的に再開され、活動する教会数も劇的に増大し、社会に対する影響力を強めつつあった。フルシチョフ政権は、再び伝統的な宗教の復活という脅威に直面したのである。

キーロフ市の数学教師で、正教信仰のゆえに教師のポストを失ったボリス・タラントフは一九六七年、フルシチョフの宗教迫害について貴重な記録を書き残した。そしてその多くは、ミシェル・ブルドウの著作に収められている（『総主教と予言者たち——今日のロシア正教会に対する迫害』）。

タラントフによれば、一九五九年から六四年にいたる反宗教キャンペーンは、何よりもまず教会組織の破壊を目的としており、その方法は次のようなものであった。宗教団体を管理監督する行政機関であった「閣僚会議付属ロシア正教会問題評議会」の地方支部は、閉鎖することを決定した教会の司祭の登録を取り消すか、あるいは彼を別の教区に移動させる。そしてそれ以降は、教区信徒が推薦してくる司祭候補者の登録申請を拒絶するのである。たとえば、一九六〇年から六三年にかけて、キーロフ管区に属していた教区司祭八〇人のうち、二一人が登録を抹消されたという。

こうした方法以外に、教会建物や聖器物の破壊あるいは収奪も組織的に行なわれた。イコンが無惨に割られ燃やされ、貴重な写本や祈禱書は破り棄てられた。一八世紀ロシアの教会建築を代表するキーロフ州のゾシマ聖堂やサヴァティ聖堂が破壊されている。タラントフによると、革命前に五〇〇を数えたキーロフ管区の教区教会は、一九五九年には七五に、そして一九六四年末には三五にまで激減した。

ポチャーエフ大修道院の迫害と抵抗運動

ロシアでは、正教徒たちが各地にある修道院を訪ね歩きながら、聖地巡礼の旅に出る習わしがあった。こうした慣習を根絶することを狙って、一九六〇年代初頭にフルシチョフ政権によって最も激しい弾圧を加えられたのが、修道院や尼僧院であった。

ロシア正教会修道院の中でも由緒ある修道院の一つであり、巡礼が好んで訪れたポチャーエフ大修道院が、二五年間にわたって直接、間接にどのような迫害が加えられたのか、どのような理由で閉鎖されることを免れたのかについて興味深い記録が残っている。

ポチャーエフの修道士フェオドシーが著者に語ったところによると、この大修道院が閉鎖されなかった理由の一つは、当局が行なった迫害の事実を修道士や信徒たちが広く世間に訴えたからであった。もう一つの理由として、この地の住民が修道院に献身的な援助を与えたことが挙げられよう。彼らはしばしば民警と対決しても修道士を保護し、総主教、ソヴィエト政府、さらに国連に宛てて修道院擁護のアピールを送った。また「サミズダート（地下出版物）」を通じて修道院の活動を伝えたのである。

西ウクライナはテルノーポリ市北方にあるポチャーエフ大修道院に対する迫害がはじまったのは、一九五九年のことであった。地方ソヴィエトは修道院の一〇ヘクタールの耕作地、温室、乾燥室、庭師小屋、貯蔵所、そしてその他の付属家屋、さらに果樹園などを没収しようとした。自給生活を基本とする修道院から経済的基盤を奪い取ることによって、活動を停止させようとしたのである。しかし、修道院は巡礼や信徒たちの支援によって活動を続けた。

一九五九年、近隣の四つの修道院が閉鎖され、それらの修道院に属していた修道士が保護を求めて、ポチャーエフ大修道院の主教館に住み着いた。しかし翌六〇年、ソヴィエト当局は巡礼が修道院の施設を宿泊のために利用することを禁止した。この命令を遂行するために、夜になると民警が修道院を捜索し、眠っている巡礼を庭に叩き出した。彼らはまた修道院近くの民家をも監視し、巡礼を拘束した。多くの巡礼たちが尋問されただけでなく、そのうちの何人かは拷問のために生命を失った。一九六一年、ソヴィエト当局はついに巡礼たちが宿泊施設として利用していた主教館を接収したのである。

イライリ神父の受難

一九六二年になるとポチャーエフ大修道院に住む修道士は激しい弾圧を被《こうむ》り、その結果、修道士の数は一四六人から三六人に激減した。彼らは居住許可証を取り上げられ、民警によって修道院から追放された。こうした迫害の犠牲者の一人、イライリ神父の記録が残されている。以下に紹介してみよう。

私は一九四二年以来、修道院に住んでいました。一九六二年三月、私は地方民警本部に出頭せよとの召喚状を受け取りました。……そこで私は修道院は間もなく閉鎖されるので、生まれ故郷に帰るようにいわれました。私は拒否しました。

それから毎日、時には一日に二度も出頭させられました。……そのつど一〇人から一五人の修道士が一緒でした。ときどき取調官は親切に振る舞い、「政府はすべての修道院を閉鎖することに決定した。われわれはあなたを路上に放り出したくないが、家族の許には誰を帰すか、親戚のところに誰を預けるか、自分で職探しができるのは誰か決めなければならないのだ」といいました。私は彼らの親切を断りました。それで……彼らは私を責め、脅しはじめました。……「一九三〇年代にわれわれはお前たちのような連中を簡単に撃ち殺したものだ。いまはお前に言葉で伝えてはいる。だが、命令通りしないなら、われわれは別の手段を使うだろう」と。

それから彼らは修道院の手入れを始めました。パスポートを調べて、しばしば取り上げ、修道士の居住権を剝奪してしまうのです。

あるとき、私は聖堂で生神女マリヤを讃える聖歌を歌っていました。院長のヴラディスラフ神父が入ってきて、こう命じました。「祭服を直ちに脱ぎなさい。民警が一一時にあなたを待っています」と。

（D・ポスピエロフスキー、前掲書）

民警はイライリ神父を追放するように修道院の長老会議に命令した。しかし、長老たちは拒絶した。民警は相変わらず彼を毎日出頭させ、脅迫を繰り返し、侮辱を加えて彼を苦しめた。九月のある日、民警がトラックで修道院に乗り付け、台所で働いていた彼を捕まえて彼の居室に連れていった。彼らはイライリ神父のパスポートを取り上げ、彼に五分以内に修道院を立ち去るように命じた。彼は同僚の修道司祭アリピイ神父と一緒にトラックに乗せられ、雨中を三〇〇キロメートル走って、故郷の村の路上に放り出された。

女巡礼たちの死

三三歳の女巡礼マルファ・グジェフスカヤは、若いときに純潔を守る誓いを立て、ポチャーエフ大修道院の一室に身を寄せ、毎日院内の聖堂で祈りを捧げていた。一九六四年六月一二日、民警が彼女の居室を襲った。マルファが屋根裏部屋に潜んでいるのを見つけると、彼女を庭に引きずり出した。そして彼女の純潔を汚し、半死半生のマルファをそのまま放置した。翌日彼女は近所の人々に発見され病院に運ばれたが、間もなく息をひきとった。病院では、警察の命令でマルファの死因は急性肺炎と診断され、民警の犯罪は隠蔽《いんぺい》されてしまったのである。

ポチャーエフ大修道院では、これと同じ手口でリュウジヤ・トクマコーヴァが殺害された。また夜間に外出した女巡礼は民警の待ち伏せに遇い、民警本部で暴行され金品を奪われ意識を失うまで殴られた。年配の修道女マリヤ・モロゾヴァも暴行を加えられた。他にも数多くの女巡礼たちが同じように暴行された。

ポチャーエフ大修道院の修道士や巡礼たちはさまざまな迫害を受け、あるいは追放され、あるいは殺害されながらも、その修道院を守り抜いた。修道院自体が当局の迫害に屈しなかったからである。すでに触れたように、彼らは迫害の事実を記録にとどめ、モスクワ総主教に直訴し、中央政府にも抗議文を送り付けた。こうした行為が、修道院の閉鎖を防ぎ、全体主義体制下にあっても修道院の存続を可能にしたといえよう。

一九六四年に起こった突然のフルシチョフ失脚とほぼ同時に、ポチャーエフ大修道院に対する迫害は一時中断した。しかし、平和は長く続かず、ポチャーエフ大修道院はその後も依然として迫害を受けたのである。

第九章　宗教ルネッサンスと内部分裂のジレンマ

弾圧から科学的無神論へ

フルシチョフが退陣した一九六四年を境として、彼の公然たる反宗教政策はきびしい批判を受け、より穏健で科学的な無神論闘争の必要が説かれるようになった。フルシチョフ政権が繰り返し企てた直接的な宗教攻撃は、教会組織に甚大なダメージを与えはしたものの、礼拝施設を失い、儀式の執行を禁じられた信者たちを地下の非合法的な宗教活動やグループに追いやり、かえってソヴィエト政権の宗教活動に対する管理や監督をますます困難としたからである。

ブレジネフ（ソヴィエト共産党第一書記、六六年より書記長、在任一九六四―八二）政権下で宗教政策が変化するとともに一九六六年から刊行が始まった科学アカデミーのシリーズ『科学的無神論の諸問題』は、フルシチョフ政権の宗教弾圧政策の誤りを指摘して「正しい宗教批判」のあり方を提示しようとした。宗教弾圧は信者たちの間に絶望的な終末論的信仰を深め、彼らをソヴィエト体制に忠実な総主教教会から引き離してしまうであろう。また粗野でむき出しの教会攻撃、聖職者に対する中傷や侮辱的言辞、強制的な教会閉鎖は、かえって宗教感情を奮い起たせ、信仰を強める結果を惹起する。宗教の根絶を図るためには、宗教の本質をより科学的に解明しなければならないのだ。ソ連邦における宗教的偏見を存続させる要因をソヴィエト社会内にではなく外に求め、非ソヴィエト的なものと見なす考え方は、誤った反宗教運動を生み出すのだ。ブレジネフ政権の宗教観を代弁して、それは以上のように主張する。

このような見解がひとたび承認されると、いずれはソヴィエト社会から一掃されるべきであるにせよ、当時の社会発展段階にあっては相応の原因と理由をもった社会現象であると、宗教は見なされるようになる。予想通りブレジネフ政権下で、とりわけロシア正教会は徐々に勢力を回復するとともに、他方でソヴィエト政権とその内外政治に対する支持と協力の姿勢を公然と示すようになる。

復権を世界に示した一九七一年のロシア正教会地方公会

一九七一年六月、ロシア正教会の総本山であったザゴールスクの聖三位一体セルギー大修道院において、ロシア正教会地方公会が開催された。前年の総主教アレクシー一世の逝去によって空位となった「モスクワおよび全ルーシの総主教」を新たに選出することを第一の目的として招集されたこの公会では、約八〇人の高位聖職者の全員一致による推薦を得て、ピーメンが第一四代目の総主教に叙聖された。

この公会は新総主教の選出にとどまらず、ソヴィエト社会におけるロシア正教会の復権と、国際社会におけるその影響力を内外に誇示したという点でも注目すべきものであったといえよう。コンスタンチノープル、アレクサンドリア、グルジア教会の総主教をはじめとして、日本、アメリカを含む世界各地の正教会代表者が出席し、またローマ・カトリック教会やその他の諸宗派の代表者が賓客として招かれるなど、公会はその国際的性格を前面に打ち出すことによって、キリスト教界におけるロシア正教会の権威と指導的地位を印象づけたのである。

もっともこうした徴候は、前任者アレクシー一世総主教の叙聖を決定した一九四五年の公会にすでに現われてはいた。しかしながらここで留意しなければならないのは、アレクシー総主教監督下のロシア正教会の復活が、前章でも見たように独ソ戦における教会の戦争協力に対してソヴィエト政権がとった宥和政策の産物であり、とりわけレニングラード攻防戦の英雄として多くの栄誉を与えられたアレクシーの個人的威信に負うところ大であったという事実であろう。実際にフルシチョフ政権下でロシア正教会は苛烈な弾圧にさらされ、存亡の危機を迎えることとなった。こうした事態は、この時期にはロシア正教会の復活がまだ認知されておらず、また確固たるものでもなかったことを意味している。

ところが一九七一年の公会は、ロシア正教会がソヴィエト政権と共存関係にあり、ソヴィエト社会内で無視しえない地歩を着々と築きつつあったことを内外に示したという点で、画期的な出来事であったといわなければならない。ロシア正教会はソヴィエト体制下にあっても、大きな活力と影響力を保持し、公然と政治的、社会的役割を果たしていることを示したのであった。

激動の二〇年を率いたピーメン総主教

一九七一年、モスクワに滞在していた私は、ザゴールスクで開かれたロシア正教会地方公会において「クルチッツおよびコロムナの府主教」ピーメンが満場一致で新総主教に選任されたというニュースを一人のロシア正教会聖職者から聞いた。前年に逝去した総主教アレクシー一世の後任として、当時「レニングラードおよびノヴゴロドの府主教」ニコディム（ロートフ、一九二九—七八）と総主教代理の地位にあったピーメンのいずれかが選出されるだろうとすでに噂されてはいた。しかし、ロシア正教会総主教庁渉外局長として国際舞台で活躍していたニコディム府主教はまだ四〇歳代と若く、ピーメン後を期待され、結局クレムリンからも好まれ、保守的で穏健なピーメンが選ばれたのであった。その後、ニコディム府主教はヴァチカンでローマ教皇ヨハネ・パウロ二世と会見中に心臓発作のため急逝し、ピーメン総主教は文字通り激動の二〇年間にわたってロシア正教会を率いることになるのである。

総主教ピーメン、俗名セルゲイ・ミハイロヴィチ・イズヴェコフは、一九一〇年モスクワに生まれた。一七歳で修道士の誓いを立て、その後さまざまな修道院で修行に励んだ。一九四六年からオデッサの聖イリヤ修道院、一九四九年にプスコフの洞窟修道院院長、一九五四年から五七年までザゴールスクの聖三位一体セルギー大修道院院長であった。一九五七年、ピーメンは主教に叙聖され、その後オデッサ、そしてモスクワの主教代理を歴任し、一九六〇年に総主教庁総務局長に就任した。大主教に叙せられた後、「聖宗務院（シノド）常任会員」、次いで「レニングラードおよびラドガの府主教」に任命された。一九六三年、五三歳で「クルチッツおよびコロムナの府主教」、そして七年後に総主教に選出されたのであった。

ところで、ピーメン総主教は正規の神学教育をまったく受けていなかった。彼は、当時の多くの他の主教たちと同じように特別な主教養成教育を受けない、ロシアの長い修道院の伝統を受け継いだ聖職者であった。しかし、一九七一年六月三日、総主教に就任したその日にモスクワ神学大学から名誉神学博士の学位が授与された。

ピーメン総主教の空白期間

ピーメン総主教の公式の伝記には、一九三一年頃から大祖国戦争後までの長い空白がある。七〇歳の誕生日を記念して刊行された二〇ページにわたる伝記では、この期間については曖昧な表現で触れられているだけである。「この数年間、掌院ピーメンは俗世で愛国的な務めを果たしていた」と。その後、ピーメンはモスクワのボーゴ・ヤブレンスキー総主教座教会の聖歌隊指揮者を務めていたと述べられている。ピーメンの宗教音楽や聖歌隊指揮についての深い造詣が数ページにわたって紹介され、次いで大祖国戦争中にロシア正教会聖職者と一般信徒が祖国防衛にいかに貢献したかが述べられている。しかし、ピーメンの動静には触れられていない。伝記は続いて、戦後、掌院ピーメンはウラジーミル管区に属する古い町ムーロムの修道司祭であったと記している。

『モスクワ総主教庁ジャーナル』に掲載される多くの主教や聖職者たちの伝記には、こうした空白がしばしば見出される。そしてこの空白は、通常彼らが労働キャンプや強制収容所で過ごしていた期間と理解されている。教会関係者の多くは、これはピーメン総主教にも当てはまると考えており、彼が人々の尊敬を集める理由にもなっていた。ある伝記作家は次のように書いている。「ピーメンは長期間政治犯収容所で過ごした。噂によると、収容所で酷く打たれたために腎臓を悪くした」と。ピーメンが労働キャンプで数年間を過ごしたということはあり得ることではあるが、確かな証拠があるわけではない。さらに、彼がこの期間軍務に就いていたという噂もある。

ピーメンの八〇年に及んだ生涯の中で消息不明とされる数年間について、宗教問題評議会の「レニングラードおよびラドガの府主教ピーメンに関する報告書」が若干の事実を伝えている。報告書によると、ピーメンの経歴は次のようなものである。「一九二六―三二年モスクワの聖歌隊指揮者、一九三二―三四年軍役、一九三六―三八年収容所、一九三九年ウズベキスタンのアンディジャンで保健衛生に関する啓蒙活動に従事、一九四一―四三年前線勤務、一九四四―四五年強制収容所」、そして一九四六年以降は総主教庁機関誌に掲載された伝記の通りである。

このようにロシア正教会の最高位の聖職者であった総主教の経歴といえども、必ずしも判明しているわけではない。その生涯は、好むと好まざるとにかかわらず、ソヴィエト体制の政治力学と分かち難く結びついており、秘密のヴェールに覆われてきた。ソヴィエト共産主義体制が崩壊した今日、情報の自由化が一段と進むにつれて、ロシア正教会の高位聖職者とクレムリンとの関わりや、秘密警察との関係が明らかにされつつある。ピーメン総主教の経歴を含めて、ロシア正教会の高位聖職者たちの生涯と活動に関する記録に見出される空欄が埋められる日も近いことだろう。

チェルノブイリとキリスト教

ソ連邦における「宗教ルネッサンス」について、一九八六年七月二日付けの『文学新聞』紙上で興味深い事実が報道された。チェルノブイリの悲劇は、かつての独ソ戦勃発のときと同様に、ソ連邦に住む多くの人々をして洗礼を求めて教会に殺到させたというのである。チェルノブイリという地名は、ウクライナ語で「苦《にが》よもぎ」を意味し、人々はヨハネ黙示録の不吉な予言を想起したからである。「ヨハネの黙示録」第八章一〇―一一節には、こう書かれている。

第三《だい》の天使《てんし》がラッパを吹《ふ》いた。すると、松明《たいまつ》のように燃《も》えている大《おお》きな星《ほし》が、天《てん》から落《お》ちて来《き》て、川《かわ》という川《かわ》の三分《ぶん》の一と、その水源《すいげん》の上《うえ》に落《お》ちた。この星《ほし》の名《な》は「苦《にが》よもぎ」といい、水《みず》の三分《ぶん》の一が苦《にが》よもぎのように苦《にが》くなって、そのために多《おお》くの人《ひと》が死《し》んだ。

（『新約聖書』新共同訳）

ソヴィエト国家は危急存亡の秋《とき》になると、教会を思い出すといわれてきたが、このことは多くのソヴィエト市民にも当てはまることであった。確かに、チェルノブイリの事故を含めてソヴィエト体制が露呈した深刻な危機的状況は、人々を絶望的な信仰に走らせてきたのである。

ゴルバチョフの謝罪と新宗教法

だが、ソヴィエト体制下で宗教ルネッサンスを促した要因は、もとよりこうした消極的なものだけではなかった。すでに述べたように、一九八八年のロシア正教受洗千年祭と、これに先立って同年四月にクレムリンで行なわれたゴルバチョフとピーメン総主教らロシア正教会首脳との会見は、ソヴィエト政権の宗教政策の転換を確かなものとし、人々の宗教観を大きく、そして決定的に変えたという意味で極めて重大な出来事であったといわなければならない。

この会見でゴルバチョフ自身が示した過去の宗教弾圧についての「謝罪」と、教会の社会的、精神的な役割に対する肯定的な評価や期待、また千年祭に際してのテレビをはじめとするマスコミへの聖職者の登場、あるいは宗教に関する活発な新聞報道など、こうしたことすべてが、市民の宗教への関心を増大させてきたのである。さらに一九九〇年一〇月に「新宗教法」、すなわち「良心の自由と宗教団体に関する法律」が制定され、信仰の自由が法的に承認された。このように宗教を取り巻く政治・社会的、あるいは法的環境が大幅に改善された結果、ロシア正教会をはじめとしてソ連邦の宗教は著しく勢力を伸長したのである。

すでに数千万人の信徒を擁《よう》し、一九八九年に約三〇〇〇の、一九九〇年には五〇〇〇にも上る教区教会が活動を再開し、洗礼を希望して教会を訪れる市民が絶えることがないといった状態にあったロシア正教会は、混迷の度を深めたソヴィエト社会の道徳的刷新を訴えて、社会的、倫理的問題の解決に積極的に取り組んでいこうとする姿勢を示していた。事実、ロシア正教会の復権を世界に印象づけた千年祭でも、単に教会の組織的な再建だけでなく、それがペレストロイカ時代のソ連邦において担うべき社会的な役割についても活発な議論が交わされたのであった。

さらに、大衆の意思を無視することはおろか、彼らの支持を積極的に獲得していかなければならなくなったペレストロイカ時代のソ連邦の政治状況にあっては、ロシア正教会が有する政治的影響力はますます重要な意味をもつこととなった。ゴルバチョフにとどまらず、ボリス・エリツィンやソプチャクなど改革派指導者も、彼ら自身が信者であるか否かを問わず、ロシア正教会の祈禱式や記念行事に出席し、教会と信徒たちの歓心を買うことに努めていたというのが実情であった。

新総主教アレクシー二世の選出

一九九〇年六月一〇日、新しく第一五代目のロシア正教会総主教に選出されたアレクシー二世の着座式は、モスクワのボーゴ・ヤブレンスキー総主教座教会において、新総主教の誕生を祝う「アクシオス！（至当なり）」の歓声が沸き上がる中で盛大に挙行された。アレクシー二世は、同年五月三日に永眠したピーメン前総主教の後任として「モスクワおよび全ルーシの総主教」の称号を帯び、危機の時代を迎えたソ連邦においてロシア正教会の舵《かじ》とりをしていくことになった。伝統と儀礼を重んじるロシア正教会にあって、〝忌明け〟に当たる故ピーメン総主教の「四〇日祭」も終えないうちに、後継者が

内部分裂に揺れる90年代のロシア正教会を率いる総主教アレクシー2世。

選出されたことはさまざまな憶測を呼んだものである。だが、ロシア正教会自体が内外に難題を抱えているだけでなく、経済と民族紛争が破局的な様相を呈していた当時のソ連邦の閉塞的な事態を打開する上で、教会も一役買うことを期待されていた事実が、後任の選出が急がれた理由の一つであったことは疑いない。

一九九〇年六月六日に始まったロシア正教会地方公会は、総主教選出に当たって、高位聖職者会議が選んだ三人の候補者について〝秘密投票〟によって選挙するという方法を採用した。一九八八年の千年祭に際して大幅な改正がなされたロシア正教会「管理規約」では、総主教の選出方法についてはとくに規定はなく、資格要件として「ロシア正教会の主教で、神学教育を受けた四〇歳以上のソヴィエト市民であること」が定められていただけであった。前任のピーメン総主教を選んだ一九七一年の公会では、各管区の聖職者と信徒代表の全員一致の推薦方式が採られていた。今回は当選に必要な過半数の票を集めるまで三回の投票が行なわれて、アレクシーが選ばれたのであった。このことは、ゴルバチョフのペレストロイカ政策の影響の下で教会の最高首脳の選出も、選挙という民主的な手続きを経るべきであるとする認識が、多くの聖職者によって抱かれていたことを示す一方、他方で、アレクシー二世に対して、高位聖職者を含む三二〇名の公会代議員の圧倒的な支持は与えられなかったことをも意味している。

ドイツ系ロシア人の保守派総主教

総主教に選ばれたアレクシー二世は一九二九年、エストニアのタリン市に生まれ、正規の神学教育を受けなかった前任のピーメン総主教とは違って、ソヴィエト体制下でレニングラード神学校、同神学大学に学んで聖職者となった文字通り〝ソヴィエト世代〟に属する教会指導者である。「タリンおよびエストニアの大主教」、同府主教を歴任し、聖宗務院常任会員、「レニングラードおよびノヴゴロドの府主教」のポストにあったアレクシー二世は、晩年は病気がちであったピーメン後の有力候補として、すでに西側の宗教問題専門家の間でも下馬評に上っていた。それは、彼が穏健な人柄で、ソ連邦の宗教団体を監督する行政官庁であった閣僚会議付属宗教問題評議会の官僚たちに受けのよい聖職者と見られていたからにほかならない。

旧聞に属するが、「宗教問題評議会副議長」ヴェ・フーロフは、一九七四―七五年当時のロシア正教会高位聖職者の政治的傾向について三つのカテゴリーに分類した秘密報告書を作成し、クレムリンに提出した。

ソヴィエト国家に対して忠誠を守るだけでなく、教会の役割を制限する法律を厳格に遵守し、したがって教会や信徒のために積極的に活動しようとしない主教たちが、第一の最も保守的な聖職者グループであり、第二のカテゴリーは国家に対する忠誠を守り、宗教法を厳格に遵守するが、司祭や信徒を激励し、若い信者を増やそうと努力する主教たち、第三は宗教活動を制限した一九二九年の宗教法の網の目をうまく逃れ、当局を欺いたり、買収したりする主教である。アレクシー二世は体制に従順で、保守的な教会指導者と見なされていたことは疑いない。このことは、彼が一九九〇年春の選挙でピーメン前総主教と総主教庁出版局長「ヴォロコラムスクおよびユリエフの府主教」ピチリム（ネチャーエフ）とともに、ソヴィエト人民代議員大会のメンバーに選ばれた事実にも現われている。

さらに注目すべきは、アレクシー二世が分離独立運動に揺れていたバルト三国の一つ、エストニアのドイツ系ロシア人の家庭に生まれ、この地の主教職を長年にわたって務めた人物であったことである。こうした民族的出自や経歴は、民族問題に苦しんでいたソ連邦の危機を緩和する上で新総主教に特別な期待が寄せられる理由になっていたと、ロシアの教会関係者も指摘したものである。実際、アレクシー二世は就任早々、故国のエストニアをはじめ、ウクライナ、モルドヴァなど分離主義的な民族運動が激化していた地域を精力的に訪問した。この歴訪が信者に対する就任披露であると同時に、これらの地域における宗教とも絡んだ複雑な民族問題を睨んでのことであったことはいうまでもない。

民主化の進むロシア正教会

すでに見たように、千年祭の公式行事として開かれた地方公会において、ディミートリー・ドンスコイ大公をはじめ九人の聖人が新たに誕生した。しかしここで留意すべきは、この段階では彼らがいずれもロシア革命以前の聖職者や英雄であり、革命後に、とりわけスターリン時代に殉教した聖職者や犠牲者たちは列聖の対象とはならなかったことである。この公会に出席する機会を得た私は、若い修道士がこうした教会の姿勢を批判し、試練と苦難に見舞われた二〇世紀の教会と信仰こそが問い直されなければならぬと発言するのを聞いて、新鮮な驚きとともに、ロシア正教会復活の息吹を実感したものであった。だが、当時は教会首脳の反応は極めて慎重であり、二〇世紀の殉教者の列聖は時期尚早という理由で見送られた。

　ところが、その後のロシア正教会の動向は勢力の発展だけでなく、教会内の民主化が急速に進行しつつあることを示している。一九八九年秋、ロシアに総主教制（パトリアルシェストヴォ）が確立されて四〇〇周年を祝う記念式典に際して開かれた主教会議において、初代総主教イオフと、レーニンのボリシェヴィキ政権の非人間性と恐怖政治を真向から弾劾したチーホン総主教の二人が聖人の列に加えられた。さらに一九九〇年六月の地方公会で、有徳の教区司祭として慕われ、尊敬を集めたクロンシュタットのイオアン神父の列聖が正式に決定され

クロンシュタットの聖イオアン神父

た。一九八九年末に来日した「白ロシアおよびミンスクの府主教」フィラレート（ヴァフロメーエフ、当時総主教庁渉外局長）は、今後は革命後の聖職者や犠牲者の生涯と事蹟についても調査、検討が行なわれるだろうと明言したものである。

さらに選挙という方法による総主教選出も、教会の変化を物語るものであったといえよう。一九九〇年夏、モスクワのダニーロフ修道院に置かれた総主教庁を訪問した私に、教会首脳の一人は「社会が変わることによって教会の変化が可能となった」と強調した。ロシア正教会聖職者たちも策定に参加し、ソヴィエト最高会議で正式に成立を見た新宗教法によって、これまで悪名高い一九二九年の宗教法が禁止していた慈善活動や伝道活動を含む広範な社会活動が法的に認められることとなった。すでにピーメン時代、ゴルバチョフ政権のペレストロイカ政策に呼応して「社会の道徳的刷新」への貢献を教会は繰り返し訴えたものであった。今後こうした面でのロシア正教会の役割がこれまでにも増して重要で、積極的なものとなることは疑いない。

ロシア正教会のジレンマ

ロシア正教会の目覚ましい復活が、教会に大きな自信を与え、その社会的使命の自覚をよりいっそう強めたことは確かである。そして同時にそれは、苦境にあるソヴィエト市民が教会に対してますます大きな期待を抱くという現象を生み出した。しかしながら、今日のロシア正教会指導者も、ボリシェヴィキ政権成立以来の宗教弾圧によって被った教会の疲弊や弱体化といった厳然たる事実を無視することはできない。若手を代表する、有能な教会指導者である「スモーレンスクおよびヴャジマの大主教」キリール（総主教庁渉外局長、のちに総主教）は、こうした困難な状況をロシア革命直後のチーホン総主教時代と対比させながら、極めて率直にこう告白している。「民衆は教会に答えを求めている。しかし、彼らは教会が著しく弱体化している事実を忘れているのだ。教会の再生には時間が要る。だが、彼らは待てない。もう時間がないのだ」と（『タイム』誌一九九〇年六月一八日号）。

こうした認識は、ロシア正教会の現指導部に対して批判的な立場を取り続けたグレプ・ヤクーニン神父（一九三四―）にも共有されているものである。彼は教会自体の改革が不充分であるという。「今日、逆説的な状況が生じている。われわれの社会は精神的な危機を克服しようとして教会に立ち帰ったが、その教会が……変わっていないのだ」と（『コムソモーリスカヤ・プラウダ』紙一九九〇年六月七日）。ヤクーニン神父も大主教キリールも認めているように、ロシア正教会は顕著な再生を遂げたように見えながら、内外に困難を抱えており、社会の期待に充分に応えることができない事態を露呈している。言い換えれば、今日のロシア正教会は瓦解したソ連邦と同様に、本格的な危機時代を迎えたとさえいえるのである。

教会の活性化を阻む聖職者ノーメンクラツーラ

現在のロシア正教会首脳部を構成している総主教庁聖宗務院常任会員はいずれも、激しい宗教弾圧の嵐が吹き荒れたフルシチョフ時代と、その後の長期間の「停滞」に陥ったブレジネフ時代に、「聖職者ノーメンクラツーラ」の地位を獲得した人たちである。彼らは新総主教アレクシー二世をも含めて、一九二七年にソヴィエト体制とロシア正教会との一体性を訴える、いわゆる「忠誠宣言」を行なった府主教セルギー（のちに総主教）の路線——セルギエフシチーナ——を踏襲する体制派の聖職者たちなのである。

すでにグラースノスチ政策の下で、とりわけ一九八九年末まで「閣僚会議付属宗教問題評議会議長」を務めたコンスタンチン・ハルチェフによって、ロシア正教会とソヴィエト体制との関わりが、かなりの程度明らかにされた。ハルチェフによると、ロシア正教会はこれまで三つの政治機関——ソ連邦共産党のイデオロギー部門、国家保安委員会（ＫＧＢ）、そして宗教問題評議会——によって管理され、操作されてきたという。

さらに今日では、総主教アレクシー二世をも含めて多くの高位聖職者のＫＧＢとの特別な関係だけでなく、彼らの〝コード・ネーム〟でさえ暴露されているというのが実情である。アレクシー二世は〝つぐみ〟を意味する〝ドロズドフ〟、前キエフ府主教フィラレートは〝アントノフ〟、府主教ユヴェナリーは〝アダマント〟、そして総主教庁出版局長ピチリム府主教は〝アッバト〟というわけである（『アガニョーク』誌、一九九二年、四、一八—一九号、およびジョン・ダンロップ『RFE／RLリサーチレポート』一九九二年、一二号）。

ロシア正教会高位聖職者のいわば〝第二の天性〟とまで化した、こうした国家権力への依存的、従属的な体質が、ヤクーニン神父も批判しているように、千載一遇のチャンスに恵まれながら、混迷の様相を深めているソヴィエト＝ロシア社会にあって教会がイニシアティヴを取って、道徳的刷新を達成することを困難たらしめてきたのである。

しかし、ロシア正教会が抱えてきたジレンマはこれだけではない。今日のロシア正教会をよりいっそう深刻な状態に追い込んでいるのは、ウクライナのウニヤ教会の台頭に見られるような教会の分裂と対立である。そしてこれこそが、ロシア人の教会たる「民族教会」と異民族をも包摂し支配する「帝国教会」という二つの相反する性格をもち、その矛盾に呻吟《しんぎん》するロシア正教会が直面している最大の難題なのである。

ロシア正教会のウクライナ化

ソヴィエト体制下のロシア正教会にとって、教会の統一はソヴィエト国家の統一と表裏一体をなすものでなければならなかった。教会首脳が「ロシアの歴史と正教会との一体性」を繰り返し訴えてきたのも、ウクライナ、白ロシア（ベラルーシ）そしてモルドヴァをも包み込む「ロシア（ルーシ）」の精神的統合原理としてのロシア正教と、その体現者たる教会を強調したいがためなのであった。

しかし最近のロシア正教会は、民族教会への分裂という危機的な状況に直面してきた。とりわけウクライナの事態は、分離主義的な民族主義の高揚とあいまって、教会の事実上の解体を不可避なものとしているとさえいえよう。要するにそれは、ロシア正教会の〝ウクライナ化〟という事態にほかならない。

一九八八年の千年祭に際して開催された公会で「ロストフおよびチェルカスの府主教」ウラジーミルは、ロシア正教会が六八九三の教区を有し、七四名の主教、六六七四名の司祭と七二三名の輔祭、一一九〇名の修道士と修道女を擁していると、教会の現勢について報告した。ここで注目すべきは、全教区中で実に約四〇〇〇の教区がウクライナに、しかもその多くがリヴォフやテルノーポリなど西ウクライナに集中していたことである。これに対して、広大な領土をもつロシア共和国ではほぼ二〇〇〇の教区を数えるに過ぎなかった。また、ロシア正教会の聖職者の四分の三がウクライナの出身者であるといわれている。その後ロシア共和国内でも活動を再開する教会が著しく増えているとはいえ、教区の分布の偏りという事実そのものが、ロシア正教会に対して潜在的な脅威となってきたことは想像に難くない。

ウニヤ教会の信仰の保障

これに加えて、一九八九年一二月に行なわれたゴルバチョフ書記長のヴァチカン訪問と教皇との会見が、ロシア正教会を苦境に陥れる結果となった。この会見で、世界でも最も強大な影響力を有する宗教指導者であるローマ教皇ヨハネ・パウロ二世の認知を得たゴルバチョフは、その見返りとしてソ連邦におけるカトリック教徒の信仰の自由を保障することを約束した。

　ゴルバチョフのこの保障は、ソ連邦領内のローマ・カトリック教徒にだけ向けられたものではなかった。それは同時に、典礼はビザンチン様式に従いながら、一五九六年のいわゆる「ブレストの合同」を通じてローマ・カトリック教会に帰属した西ウクライナの民族教会である「ウニヤ教会」をも対象としており、ロシア正教会を含めソ連の宗教界に巨大な影響を与えるものであった。というのも、それは一九四六年の「リヴォフ宗教会議」でロシア正教会に併合され、独自の宗教活動を禁止されていた「ウニヤ教会」の合法化を意味したからである。そして直ちに、ウクライナ宗教問題評議会によって自由化の措置が取られたのであった。

信者であふれる西ウクライナ・リヴォフの「ウニヤ教会」(1990年8月5日)。

「ウニヤ教会」のロシア正教会からの分離独立と急激な勢力伸長が、ロシア正教会指導者の危機感を強め、彼らの反発を招いたことはいうまでもない。「キエフおよびガリツィヤの府主教」フィラレートは、『モスコウ・ニュース』紙（一九八九年、三一号）のインタヴューで「ウニヤ教会」を次のように批判した。「彼らの主要な目的は、正教会に反対する〝民族教会〟の設立である。民族主義分子はウニヤ教徒の助けを借りて、ウクライナ人を血を分けた兄弟であるロシア人から引き離そうとしているのだ」と。「レニングラードおよびノヴゴロドの府主教」アレクシー（のちに総主教）も、ソヴィエト人民代議員の立場で「ウニヤ教会」を激しい調子で攻撃した（『イズヴェスチヤ』紙一九八九年一二月二四日）。

〝民族教会〟の続出

しかし、モスクワ総主教教会に対する民族教会の挑戦は、「ウニヤ教会」だけに限らない。一九八九年二月、モスクワ総主教庁の監督から自由な「ウクライナ自治独立（アフトケファーリナヤ）正教会」設立の動きがウクライナ人聖職者の間で現われた。そしてついに一九九〇年六月にロシア正教会の「ジトーミルおよびオヴルチの主教」イオアン（ボドナルチュク）を中心として七人のロシア正教会主教と二〇〇人以上の教区司祭が加わって、「ウクライナ自治独立正教会」が誕生した。モスクワ総主教庁の聖宗務院は、イオアンらの主教職の剝奪をもって応じたのであった。

ウクライナで典型的に見られるようなロシア正教会の民族教会への分裂という事態に直面

して、モスクワ総主教教会は一九九〇年初頭、臨時主教会議を招集し、自治権（アフトノーミヤ）をもつ二つの新しい正教会――「キエフ府主教」フィラレート監督下の「ウクライナ正教会」と「ミンスク府主教」フィラレート監督下の「白ロシア正教会」――を誕生させた。こうした措置の狙いが、ウクライナと白ロシアにおける自治独立権（アフトケファーリヤ）を有する民族教会の続出を阻止することにあるのはいうまでもない。実際、これら二つの教会はモスクワ総主教庁の監督下にあり、モスクワの聖宗務院が承認した両教会の聖宗務院においてすべての決定がなされなければならないことになっているのである。

今後、民族主義ないし分離主義の動きがロシア正教会を悩ませ、翻弄《ほんろう》し続けるであろうことは疑いない。アレクシー二世総主教下のロシア正教会は、教会を分裂させ、解体させかねない遠心的な力に抗して、帝国教会を維持しようと努力しているように見える。

今日のロシア正教会が遭遇した事態は、ソヴィエト国家が直面した事態でもあった。両者は奇妙な符合を示してきた。帝国教会の途を依然として進もうとするのか、それともソ連邦の解体という先例にならって民族教会への転進を図るのか、ロシア正教会は現在重大な岐路にある。

「良心の自由と宗教団体に関する法律」

新宗教法、すなわち「良心の自由と宗教団体に関する法律」が、一九九〇年一〇月一日のソヴィエト最高会議において正式に承認され発効した。全六章、三一条から成る新宗教法は、ゴルバチョフ政権下で基本的にはすでに実施されていた信教の自由を法的に確認し、成文化したものであった。宗教法の改正はゴルバチョフ政権のペレストロイカ政策の懸案の一つであり、それまでソ連邦のジャーナリズムなどでも取り上げられ、さまざまな論議を呼んでいた。焦点となったのは、一九二九年の「宗教団体に関する法律」と同年の「内務人民委員部指令」に定められた、教会や宗教団体の「行政機関」への登録義務（二〇人に満たない宗教団体の登録を禁じたいわゆる「宗教団体登録の二〇人制」）と慈善運動や伝道活動を含む社会活動の禁止に関する条項をどのように改正するかであった。

この新宗教法では、宗教団体の登録は「一八歳に達した一〇人以上の人間が……その地域の人民代議員ソヴィエト地区（都市）執行委員会に規約（規定）を届け出る」と定められた（第一四条）。また教会の社会活動――慈善運動や宗教教育活動――は、すでに千年祭に際して開かれた公会でも多くの聖職者の関心を集めた問題の一つであった。公会で採択された新しい「教会管理規約」においても、将来の宗教法を想定して教会の社会活動の拡大を定めていた。新宗教法は「宗教儀礼と儀式」（第二一条）だけでなく、「慈善活動、研究、宗教書およびその他の文化教育活動」を行なう権利を保障していた（第二三条）。ソヴィエト最高会議法務委員会の一員として新宗教法の策定にも加わった新総主教アレクシー二世は、教会の社会活動について特別の感慨をもって次のように述べている（『イズヴェスチヤ』紙一九九〇年一〇月一二日）。

……われわれの手足は一九二九年の「宗教団体に関する法律」によって拘束されていた。これは各教会に慈善活動や児童教育を禁止する法律であった。……現在、グラースノスチの時代を迎えて、数百万の不幸な人々や病人が具体的な援助を必要としていることが明らかとなっている。残念ながら、長い年月の間に人々は善行を実践する習慣をなくしてしまった。したがって、私はロシア正教会に大きな教育的使命を見出している。……善行を実践すること、善意を発揮することを人々に教育する必要がある。各教会には、教会に固有の伝統的な活動分野が返還されなければならない。古来、各寺院には養老院、授産所、禁酒会、孤児院が併設されていた。こういったすべてのものが復活されなければならない。

社会的弱者に対する救済活動や伝道活動は、教会の活動にとって本質的な重要性を有している。こうした分野の法的自由化が、ロシア正教会の活動範囲を一段と広げ、その活性化を促してきたのであった。

〝一九九一年八月クーデタ〟と総主教アレクシー二世のメッセージ

一九九一年八月一九日、連邦解体の危機に直面した保守派共産党指導者たちは、静養中のソ連邦大統領ミハイル・ゴルバチョフを軟禁状態に置き、「国家非常事態」を宣言して権力の掌握を謀った。この「国家非常事態委員会」のクーデタに対してロシア正教会が態度を明らかにしたのは、事件が勃発してまる一日が経過した八月二〇日のことであった。「モスクワおよび全ルーシの総主教」アレクシー二世の名で出された声明は、「新たに設置された国家非常事態委員会の合法性」について重大な疑義があることを指摘し、「直ちにゴルバチョフ大統領の声を聞き、彼といま起きている事態との関係を知る必要がある」と訴えた。

クーデタ発生からの空白の二四時間と、声明の曖昧さについて疑問を抱く向きがないわけではなかった。しかし、二三日にいたって発せられた全聖職者および全信徒に呼び掛けるメッセージは、極めて明快であった。「一九一七年に始まった……この時期に、わが大地は血で汚され、大分裂が起こり、……骨肉相食《は》む戦争が起こった」。総主教メッセージは、共産主義体制を「あらゆる絶対的な道徳原理」を拒否し、「人間存在の霊的起源と意義」を否定し、「神であれ、人民に対してであれ、自分たちの行為に全く責任を負わない」体制であると厳しい調子で批判し、その終焉を宣言した。

「一つのイデオロギーが国家を支配し、社会と人民に押しつけられる時代に逆戻りすることはもはやあり得ない」とアレクシー二世は断言する。今回のクーデタの「愚行」によって、

「病んでいたロシア」は正気に戻ったのだ。総主教は「連邦の急激な崩壊」には危惧の念を表明しながら、「わが聖なる教会」とともに「わが祖国ロシア」の復興を神に祈ってメッセージを結んでいる（『イズヴェスチヤ』紙一九九一年八月二四日）。

ロシア正教会がゴルバチョフのペレストロイカ政策から多くの恩恵を受け、顕著な復活を遂げてきた事実はすでに触れた通りである。そして共産主義体制の崩壊は、宗教、とりわけロシア正教会に寄せる市民の期待や願望をますます強いものとしていることもまた疑いのないところである。

しかしながら、教会首脳も率直に認めているように、これまでロシア正教会が人々の宗教的欲求に充分に応えてきたわけではなかった。ロシア正教会が抱えているジレンマの一つは、現在の教会指導者の多くが共産主義体制下で「ノーメンクラツーラ」の地位を与えられ、外国旅行や外貨の持ち出しをも含めて数々の特権を享受してきた聖職者たちであるということである。しばしば今日のマスコミで聖職者と秘密警察との関係が暴露され、彼らの背信行為が糾弾されている。こうした不透明な体質が、共産主義体制崩壊後のロシアで、ロシア正教会が再生のための絶好のチャンスに恵まれながら、期待された社会的使命を果たすことができない要因となっているのである。

ウクライナ正教会の分離独立

ロシア正教会が遭遇しているいま一つの、しかもより深刻な危機は、教会そのものの分裂という事態である。すでに触れたように、今日のロシア正教会は、西ウクライナを中心とするウクライナ・ギリシア・カトリック教会（ウニヤ教会）だけでなく、ベラルーシや、とりわけウクライナにおける正教会のモスクワ総主教教会からの分離独立、すなわち自治独立権をもつ「民族教会化」という事態に直面している。分離独立を指向する民族主義の波は、ソ連邦という多民族国家の解体を招来しただけでなく、東スラヴ族を統合する帝国教会としてのロシア正教会の存在をも脅かしている。ロシア正教会が連邦の解体を恐れてきた最大の理由は、まさにこの点にあったのである。

ウクライナをめぐる最近の動きは、いよいよ複雑に、そして深刻となっている。一九九二年三月末から四月初めにかけて、ロシア正教会は一〇〇名余りの高位聖職者をモスクワのダニーロフ修道院に招集し、緊急の「主教会議」を開催した。この会議の主要議題は、事実上ロシア正教会の〝ナンバー2〟の地位を占めていた「キエフおよびガリツィヤの府主教、ウクライナ在外総主教代理」フィラレート（デニセンコ）から出された「辞任」の申し出を審議することであった。主教会議で長時間審議された結果、府主教の辞任は一応慰留されて、結論は夏に開催予定の地方公会の審議に委ねられることとなった。

しかし、事態はその後急展開を見せ、これまで「ウクライナ自治独立正教会」の存在を断じて許さず、また西ウクライナを中心とする「ウニヤ教会」の分離主義的民族主義に激しい批判を浴びせていた府主教フィラレート自身が、いまでは一〇名の主教とともにモスクワ総主教庁に反旗を翻し、自らを「首座＝総主教」とするウクライナ正教会の分離独立を画策しはじめたのであった。

フィラレート府主教については、これまでソヴィエト時代のKGBとの特別な関わりや、女性問題をめぐるスキャンダル――妻帯を許されない修道士である彼に愛人と、少なくとも三人の子供がいる――がしばしばマスコミを賑わしてきた。彼の失脚はもはや時間の問題とさえ見られていた。こうした事態に危機感を抱いたウクライナ人府主教は、折しもウクライナ民族主義が高揚する中で、いわば乾坤一擲《けんこんいってき》の賭けに出たのである。フィラレートは、ウクライナ人が最も嫌う「モスクワの圧力」による解任劇をでっち上げた。フィラレート府主教に対する批判は、モスクワからの「ウクライナ正教会」への内政干渉と受けとめられ、ウクライナの人々のフィラレート支持を強めるという皮肉な結果をもたらしたのである。

六月一一日、ロシア正教会は急遽主教会議を再招集し、フィラレート府主教とポチャーエフ管区の主教の「解任」と「聖職剝奪」を決定した。これを受けてモスクワ派のウクライナ正教会は、フィラレートの後任に「ロストフおよびノヴォチェルカスの府主教」ウラジーミル（サボダン）をあてることを決議した。こうして、いまではウクライナをめぐるロシア正教会の分裂と軋轢は泥沼化しているといえよう（『モスコフスキエ・ノーヴォスチ』紙一九九二年一四号、一九号、二九号)。

一九九三年三月の時点で、ウクライナ正教会のうちでモスクワ派のウラジーミル府主教を支持する教区が五四〇〇、主教が二九名を数えるのに対して、一九九三年に九五歳という高齢で永眠したムスティスラフ総主教率いる「ウクライナ自治独立正教会」との合同に成功したフィラレート派は、教区が二五〇〇、主教が一八名に達すると報告されている。一方、西ウクライナ(ガリツィヤ)の自治独立正教会の五〇〇以上の教区が、フィラレート派との合同を拒否して「独立」を保持している(『ウクライナ・ウィークリー』紙一九九三年六月二一日)。

ソ連邦崩壊後のロシア正教会

このように事態は、ロシア正教会内の〝ウクライナ民族派〟の分離独立といった問題を超えて、ロシア正教会そのものの分裂と解体といった様相を呈している。ソヴィエト共産主義体制の「軛」から解放されたロシア正教会は、まさに自由を得たが故に、内外の矛盾が噴出し、かえって深刻な危機に遭遇している。ロシア帝政下にあっては「ツァーリの眼」として、ソヴィエト共産主義体制下にあっては「弾圧の犠牲」と同時に、体制の「従僕」としての役回りを余儀なくされたロシア正教会は、いま改めて存亡の危機に立たされている。ロシアの危機が深刻化する中で、依然として教会に寄せる市民の期待や願望は明らかに増大している。果たしてロシア正教会は、「聖」と「俗」の狭間で翻弄され、迫害に苦しみ続けたその悲劇的な運命に終止符を打つことができるだろうか。また、ウクライナ、ベラルーシ、そしてロシアといった東スラヴの諸民族に平和と安定をもたらす精神的指導者としての役割を果たすことができるだろうか。いま、ロシア正教会は正念場を迎えている。ロシア正教会の動向が注目される所以《ゆえん》である。

結章　ソ連邦崩壊後のロシア正教会と東方正教世界

コンスタンチノープルで行なわれた全世界主教会議

一九九二年三月一五日、トルコのイスタンブールは数百年前に滅亡したビザンチン帝国が復活したかのような光景を呈していた。この日、世界の主要な東方正教会の首座たちがきらびやかな祭服を身に纏って、金角湾を臨むフェネル地区にあるコンスタンチノープル総主教庁に参集し、「全世界主要首座主教会議」が開催されたのである。会議に出席したのは「世界総主教（エキュメニカル・パトリアルフ）」の称号をもつ「コンスタンチノープル総主教」バルソロメオス一世、「アレクサンドリアおよび全アフリカの総主教」パルセニオス、「アンティオキアおよび全東方の総主教」イグナティウス四世、「エルサレムおよび全パレスチナの総主教」ディオドロス、「モスクワおよび全ルーシの総主教」アレクシー二世、「ベオグラードおよび全セルビアの総主教」パウロといった東方正教キリスト教世界の首座主教たちであった。

東方正教会は、すでに触れたように「土着主義」を原則としている。したがって、正教信仰を奉じる諸教会間で行なわれる相互承認と合議制のルールは極めて重要な意味をもっている。「コンスタンチノープル総主教」が招集し、主要な正教会首座が一堂に会したこの会議は、ソ連邦、東欧諸国の共産主義体制の崩壊と冷戦体制終焉以後の、世界史的な変動期に入った国際社会に正教世界がいかに対応していくかを協議した会議として注目すべきものであった。

　ところで、今回の会議の開催は「コンスタンチノープル総主教」の権威と指導力の復活を内外に誇示する機会となった。こうした復権をもたらした要因の一つとして、ソヴィエト共産主義体制の解体に伴うロシア正教会の国際的影響力の衰退が指摘されよう。これまで東方正教キリスト教世界においてはロシア＝スラヴ系とギリシア系という二つの勢力が競い合う中で、世界最大の勢力を誇るロシア正教会が主導権を握ってきた。しかし、「ウクライナ問題」をはじめとして教会内の民族問題に苦しむロシア正教会の凋落《ちょうらく》に逆比例するかのように、ギリシア系の教会が力を盛り返しつつある。実際、一九九二年秋コンスタンチノープル総主教庁を訪問した日本の教会関係者——筆者も同席した——に対しても、総主教はロシア正教会への配慮を示しながらも、東方キリスト教会の結束と調整役としての「コンスタンチノープル」の重要性を強調したものである。

　さらにウクライナや東欧諸国における「ウニヤ教会」の台頭という事実が物語っているように、東方正教会の勢力圏であった地域でローマ・カトリック教会が積極的な宣教活動を展開している事実も無視することができない。こうした事態に対してロシア正教会はじめ、東方正教キリスト教会が危機感を強め、諸教会の一致結束の必要を訴えたのであった。

　首座主教会議はこのように、東方正教キリスト教世界の勢力分布の変化を物語るものであるばかりか、冷戦体制以後の民族と宗教が複雑に絡んだ、ますます混迷の度を深める国際社会の一面を映し出してもいるのである。

ロシア正教会分裂の危機

　ソ連邦の宗教事情に決定的ともいうべき変化をもたらしたのは、ゴルバチョフ政権のペレストロイカ政策であり、それに続いて起こったソヴィエト共産主義体制の崩壊であった。これら一連の出来事は、それまで抑圧されていた宗教活動を一挙に復活させ、活性化させた。実際、ロシア正教会だけでなく、カトリック教会やイスラム教など諸宗教、諸宗派は旧ソ連邦内で目覚ましい復活を遂げた。だが、こうした事態は同時に、少数民族のナショナリズムと結びついた民族教会や民族宗教の出現をも促すこととなった。それらの中でも、ロシア正教会に対して最も大きな衝撃を与えたのが民族主義的な「ウクライナ正教会」のロシア正教会からの離反であったことはすでに指摘した通りである。

　こうしてロシア正教会は、その宿命の敵ともいうべきソヴィエト共産主義体制が瓦解した途端に、民族教会への分裂という新たな〝内なる敵〟と相対峙することとなったのである。

　そして依然として迷走を続けるエリツィン政権下のロシアにあって、ロシア国民から熱い期待を寄せられながら、ロシア正教会が必ずしもその役割を果たせないでいる最大の原因も、実はロシア正教会が陥った分裂の危機なのである。

ウニヤ教会の台頭

しかしながら、ロシア正教会にとどまらず、東方正教キリスト教会全体によりいっそう深刻な脅威を与えているのは、西ウクライナを中心とするウニヤ教会の勢力伸長である。というのもほかではない、ウニヤ教会の問題は、東方正教キリスト教会とローマ・カトリック教会の分裂と対立という歴史的な因縁に直接的に結びついているからである。

一九七八年、スラヴ人教皇ヨハネ・パウロ二世が誕生すると、地下活動を余儀なくされていたウクライナのウニヤ教会の活動が一段と活発化するようになる。教皇も、ウクライナのカトリック教会には特別な関心を寄せ、同情を隠さなかった。一九八五年一〇月、ローマに亡命中のウニヤ教会聖職者によって「第四回ウニヤ教会主教会議」が開かれた。この会議に出席したヨハネ・パウロ二世は、ソ連邦における信教の自由とウニヤ教会の法的承認と自由化を求める声明を発表した。

さらにゴルバチョフ政権が登場し、ペレストロイカ政策の下でクレムリンの宗教政策が緩和されると、ウニヤ教会の活動はいっそう活発となった。そして、こうした動きに決定的な影響を与えたのが、一九八九年一二月一日に行なわれたゴルバチョフのヴァチカン訪問であった。ゴルバチョフは、教皇に対してソ連邦におけるカトリック教会の法的承認と自由化を約束した。こうしてリヴォフやテルノーポリといった西ウクライナを中心に、ウニヤ教会は著しい復活を遂げ、これまでロシア正教会の監督下にあった聖堂や礼拝所を次々と取り戻していったのである。

事態の急速な進展に、ロシア正教会が手をこまねいていたわけではない。国連事務総長、さらにはローマ教皇に調停を依頼するという屈辱を嘗めることさえ辞さなかった。しかし、事態は改善されなかった。今回の首座主教会議の開催は、ウニヤ教会問題をめぐるローマ・カトリック教会とロシア正教会との角逐も重要な背景をなしているのである。

東方正教キリスト教世界におけるギリシアとスラヴ

ロシアがかつてキリスト教を受け容れたのは、ビザンチン帝国からであった。その意味では、本来「コンスタンチノープル総主教座教会」がロシア正教会の〝母教会〟ということになる。だが一四五三年、コンスタンチノープルがオスマン・トルコの軍門に降り、イスラム教国家の支配下に置かれるようになると両者の力関係は逆転する。ロシア正教会は何よりもまず、その勢力において世界最大の正教会であり、強い指導力を獲得した。しかも皮肉なことに、「無神論」を標榜するソヴィエト体制の下でも、こうした事情は変わらなかった。ロシア正教会は一方で苛烈な弾圧を受けながら、他方でクレムリンの手厚い保護を受けてきた

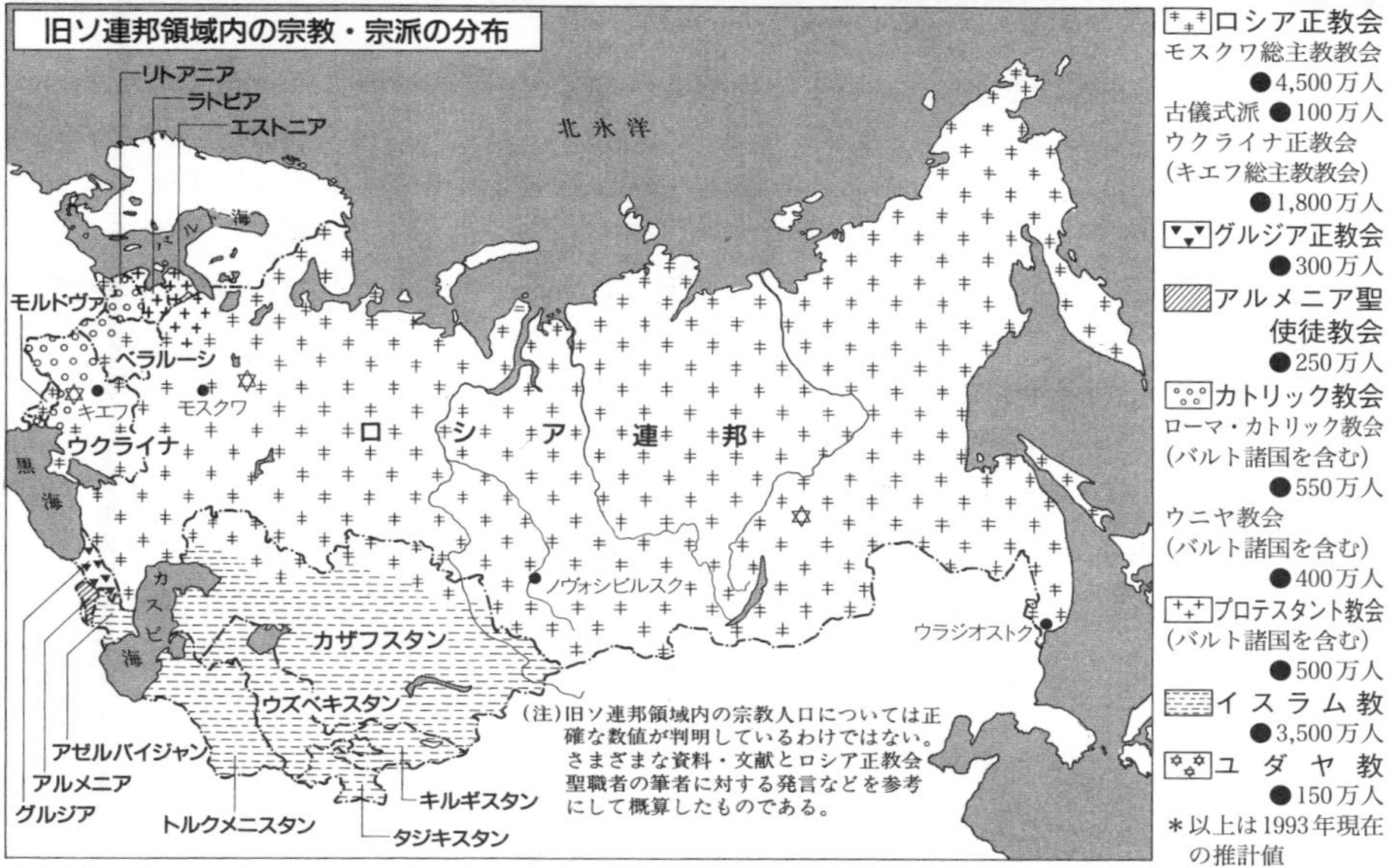

参考資料：Eastern Europe and the Commonwealth of Independent States 1992, 1 st ed. Europe Publication limited./Jane Ellis, The Russian Orthodox Church; A Contemporary History, Keston College, 1988./John Dunlop, RFE/RL Research Report, No. 14 (1992), No. 15 (1993), No. 20 (1993), No. 35 (1993).

からである。とくに対外関係で、クレムリンの支援を得たロシア正教会は「キリスト教平和会議（ＣＰＣ）」や「世界教会協議会（ＷＣＣ）」などを通じて、キリスト教世界に大きな影響力を行使することができたのである。

もっとも、コンスタンチノープルとモスクワとは必ずしも良好な関係を維持してきたわけではなかった。一九八八年の「ロシア正教受洗千年祭」にも、「コンスタンチノープル総主教」は出席しなかった。当時、両教会の間には主導権をめぐる対立があると取り沙汰されたものである。

ところが、ロシア正教会を見舞った最近の出来事は、ロシア正教会の立場を大幅に変えてしまった。対内的にはウニヤ教会に見られるカトリック教会との軋轢などの諸問題に直面して、ロシア正教会は東方正教キリスト教世界で指導力を発揮するどころか、自らの存立とその正統性を確保するために、むしろこれまで指導し、時には圧力を加えてきたギリシア系正教会の承認や支援を必要とする事態に直面したのである。

ロシア正教会をめぐって危機的状況が現出している中で開かれた全世界主要首座主教会議の中心議題は、ウクライナやバルカン半島、そして中東においてローマ・カトリック教会勢力がウニヤ教会の形を借りて東方正教キリスト教世界に進出し、「改宗」を迫っているという事態についてであった。

こうした事実は、「コンスタンチノープル総主教」や「モスクワ総主教」ら、東方正教会の首座たちがローマ・カトリック教会側の攻勢に強い危機感を抱き、諸教会の結束を固めて、カトリック教会に対抗していこうとする姿勢を示したことを物語っている。実際、この会議では、「正教会信者に対する改宗活動が停止されないかぎり、ローマ・カトリック教会との公式の対話を中止する」といった強硬な決議をさえ採択するにいたっているのである。

果たして東方正教キリスト教世界は、「コンスタンチノープル総主教」の下でスラヴとギリシアが和解し、結束を図ることができるだろうか。そして、共産主義の〝妖怪〟にとって代わって民族主義の〝妖怪〟が徘徊《はいかい》する国際社会に、とりわけ混迷の度を加える旧ユーゴスラヴィア情勢に対して、東方正教キリスト教会は何らかの有効な処方箋を準備することができるだろうか。こうした面でも、東方正教キリスト教世界の動向は、等閑に付すことのできない重要な意味を有しているように思われるのである。

〝帝国教会〟復活の夢

ギリシア系正教会との和解という動きに加えて、最近ロシア正教会の「帝国教会」路線への回帰が改めて注目を集めている。ロシア正教会のこうした傾向はすでに総主教アレクシー二世の誕生以来、内外のロシア研究者から再三にわたって指摘されてきたところである。一九九〇年一二月二二日付けの『ソヴィエツカヤ・ロシア』紙上に、ゴルバチョフ大統領（当時）に対して「連邦解体に反対し、分離主義に断固たる措置を取るよう」求めたアピールが掲載された。当時の有力な保守派共産党指導者たちを含めて、五三名を数えたアピール署名者の中に総主教アレクシー二世もその名を連ねていた。以来アレクシー二世は、連邦解体に反対する姿勢を一貫して示してきたのであった。

こうした中で一九九三年五月末、新たな動きが現われた。総主教庁が置かれたダニーロフ修道院で、保守的なロシア民族主義者の集会である「第一回全世界ロシア人会議（フセミールヌィ・ルースキー・ソボール）」が開催されたのである。この会議はロシア正教会が主催者として関わっただけでなく、アレクシー二世をはじめとして総主教庁渉外局長キリール府主教など教会首脳も出席し、祝辞を述べたという点でも注目すべきものであったといわなければならない。会議ではまず「ロシア人とは何か」についての討議がなされ、大ロシア人、小ロシア人（ウクライナ人）そしてベラルーシ人を包摂する「人種」としてのロシア人概念の確認が行なわれるとともに、かつての「連邦」の回復がアピールとして採択された（『ソヴィエツカヤ・ロシア』紙一九九三年六月一日、『ネザヴィシマヤ・ガゼータ』紙一九九三年六月五日）。

さらに、議会活動の停止を命じた一九九三年九月二一日付の大統領令に端を発して生起した保守派議会勢力とエリツィン政権との対決に、総主教アレクシー二世は調停工作に乗り出した。結局不調に終わったとはいえ、政治の舞台でのロシア正教会の活発な動きを軽視してはならないであろう。

保守派と改革派、反エリツィン派とエリツィン派とを問わず、旧ソ連邦諸国の再統合という形で「帝国」の再現を図りつつある今日のロシアにあって、ロシア正教会は時に歩調を合わせ、また時に先導役を務めながら、ソ連邦崩壊後に陥った危機を乗り切ろうとしているようにも見える。

いったいロシア正教会はいずれの方向に進もうとしているのか。再びかつての「帝国教会」の夢を貪ろうとするのか、それとも苦難のロシアを導く真の「精神的指導者」として復活するのか。ロシア正教会の今後が注目されるのである。

あとがき

NHK出版の向坂好生氏から〝ロシア正教会〟について執筆するようにとの勧めを受けたのは、私がロシア正教受洗千年祭の公式行事に出席してまだ日も浅い一九八九年のことであった。ロシア正教会のいわば〝奥の院〟を垣間見るチャンスを得た私は、その興奮も冷めやらないまま、直ちに書きはじめた。その内容は、千年のロシアを支えてきた正教信仰の歴史と再生の物語となるはずであった。

しかし、本書が形を整えつつある間に、ソ連邦は想像を絶した急激な変化を辿ることとなった。共産主義体制は瓦解し、ソ連邦そのものが消滅してしまった。ロシア正教会も、もとよりこうした世界史的な地殻変動と無縁ではなかった。こうして本書の構想は修正を余儀なくされ、完成も大幅に遅れることとなった。その間に向坂氏には数々の貴重な助言だけでなく、激励をも頂戴した。ここに深甚なる謝意を表する次第である。

いま筆をおこうとしているのは、ドイツ学術交流会（DAAD）の招聘により客員研究員として訪れているドイツ連邦東方学・国際問題研究所の一室においてである。当研究所の「ロシア連邦・旧ソ連邦諸国部門」研究部長ゲルハルト・ジーモン博士（ケルン大学教授）

には関心領域が筆者と極めて近いこともあって、一方ならぬ御厚意、御指導を頂いた。ジーモン教授とジャーナリストでもある知的で優しいナージャ夫人にも心から御礼を申し上げたいと思う。

本書がロシア正教会を知り、ロシアを理解するための一助になれば、著者にとってこれに過ぎる喜びはない。

一九九三年晩秋　色づいたメープルの葉が舞うケルンにて

著　者

学術文庫版のための補足——新世紀を迎えたロシア正教会

総主教アレクシー二世の永眠

二〇〇八年一二月、第一五代ロシア正教会「モスクワおよび全ルーシの総主教」アレクシー二世（一九二九—二〇〇八）が急逝した。一九九〇年、ソ連邦崩壊の前年にロシア正教会首座に叙聖された彼は、世界史的な大変動に翻弄された一八年間その地位にあって、疲弊し、荒廃した教会の再生という課題に取り組み、高い評価を与えられるべき成果を挙げたといえよう。

ドイツ系貴族の子孫で、ロシア正教会の教区司祭を父として、ソ連邦の一構成共和国であったエストニアの首都タリンで生を受けたアレクシー二世は、レニングラード（当時、現在サンクト・ペテルブルグ）神学大学を卒業して修道司祭の途を選び、高位聖職者への階段を登ることになる。彼は持ち前の粘り強い調整能力を駆使し、ゴルバチョフからエリツィン、そしてプーチンへと政治権力の担い手が目まぐるしく変わるなか、とりわけ困難を伴った国家との関係強化に努めながら、教会指導に当たった。その結果、総主教選出時には一八を数えるに過ぎなかった修道院は七〇〇以上に増え、ロシアの「キリスト教化千年祭」を盛大に祝った一九八八年当時七〇〇〇弱であった教会数は約三万に、信徒数は実にロシア総人口の六三パーセントに達している（『モスクワ・ニュース』紙二〇〇八年一二月一二日―一八日、第四九号）。

このように教会はその復活を確かなものとしたとはいえ、ソヴィエト時代の教会から受け継いだ負の遺産、ローマ・カトリック教会をはじめとするキリスト教諸宗派との和解交渉や「教会再統一運動（エキュメニカリズム）」に対する方針をめぐるロシア正教会内部の対立、国家と政治に対する教会の基本姿勢など、アレクシー二世が解決に向けて努力を重ねながら、結局のところ後述する新総主教キリールに引き継がれた課題も決して少なくない。以下に故アレクシー総主教の事跡を辿り、次いでキリール総主教が担う使命と課題に焦点を当てて、ロシア正教会の新世紀を概観する。

ロシアにおける教会と国家

すでに論じたように、そもそも「ギリシア正教」は教皇を頂点に戴く超民族的で、普遍主義的な「ローマ・カトリック教」とは異なり、民族教会を基本原則としている。九八八年に東ローマ（ビザンチン）帝国に範を取って受け入れたロシアのキリスト教も、完全な自治独立権を有する教会として確立するまで数世紀の歳月を要したとはいえ、基本的には民族教会として出発した。その結果、ロシア正教会は最初から国家と独特で緊密な結びつきをもつことになる。

ロシア正教会のこうした世俗国家との関係は、二世紀半にも及んだ「モンゴル＝タタールの軛《くびき》」をはじめとして繰り返し「歴史の断絶」を経験したロシアにあって、人々の精神的、道徳的基礎としてキリスト教信仰を鍛え上げ、深化させる一方、他方で両者の癒着を助長し、時には教会を国家に隷属させるといった事態をもたらした。ピョートル大帝（在位一六八二―一七二五）が企てた国家権力による教会支配、一九一七年のロシア革命の結果成立したソヴィエト共産主義体制の下で行なわれた教会弾圧はそうした典型的な事例である。しかし、数々の試練に遭遇しながらも、ロシア正教会が信仰と教義を護り、その宗教的、道徳的使命を果たそうとしてきたことは否定できない事実である。

宗教法の制定

今日のロシアにおいて正教会が特別な位置と役割を占めている事実を自他ともに認めることに成功したのは、一九九七年の新しい宗教法の制定によってであった。ソ連邦崩壊の前年に当たる一九九〇年、ゴルバチョフ政権の下で制定された旧宗教法、『良心の自由と宗教団体に関する法律』は信教の自由の保障を強調するあまり、外国の諸宗教の進出を許したばかりか、体制崩壊後の社会的混乱に乗じてさまざまなカルト集団が侵入し、ロシア社会を深刻な危機に陥れるという事態を生み出した。これらの中には日本社会を震撼させた「オウム真理教」も含まれていた。

　こうして、とりわけ外国系の宗教の活動の規制を求める声が、澎湃《ほうはい》としてロシア正教会周辺から挙がった。この問題に関して中心的な役割を果たした教会指導者は、ロシア正教会「総主教庁渉外局長」の任にあったキリール府主教（現総主教）であった。彼は草案策定作業に取り組んでいた「ロシア国家会議」に働きかけ、教会の意向にそった、より厳格な規制を内容とする宗教法の制定を強硬に主張した。

　ロシア正教会はソヴィエト体制下で苛烈な弾圧にさらされてきたとはいえ、逆説的に、国家の統制下に置かれていたというまさにその理由から、カルト集団は無論のこと、欧米のキリスト教諸宗派やその他の宗教の挑戦に直面するという経験をほとんど持たなかった。あえて誤解を恐れずにいえば、ロシア正教会は「反宗教国家」にあって国家に反旗を翻さない限りにおいて保護と特権を享受していたといえよう。ところが一度信仰の自由の原則が確立されてみると、ロシア正教会はロシアの地に進出する外国の諸宗教や諸宗派と対抗、競合して自らの地位と役割を確保していくという、かつて味わったことのない試練に直面することになったのである。ロシア正教会は、外国からの宗教活動家や宣教師の入国ヴィザ発行を制限し、彼らの活動を規制するように政府に圧力をかけはじめた。そして「非ロシア的、非伝統的な」宗教団体の活動を厳しく規制する条文を盛り込んだ宗教法の改正を政府に強く迫り、ついに成功した。

エリツィン大統領（在任一九九一―九九）の署名を得て発効した全四章二七条から成る新宗教法『信教の自由および宗教団体に関するロシア連邦法』によって、「聖ロシア」の地から「非ロシア的、非伝統的な」宗教や宗派を締め出すことが可能になったばかりではない。この法律の「前文」に「ロシアの歴史、その精神性および文化の形成と発展における正教の特別な役割を認める」という文言が挿入されたことで、ロシア正教会は法制上正式ではないにせよ「事実上の国教会」としての地位を揺るぎないものとしたのであった。

プーチン大統領の登場

ロシア正教会が自らの復活とロシア社会において担うべき使命についてさらに自信を深めたのは、若く精力的なプーチン大統領（在任二〇〇〇―〇八、二〇一二―）の登場であった。病み衰えたエリツィン前大統領の突然の引退を受けて、彗星の如くクレムリンの政治舞台の主役として姿を現わしたこの元KGBエリートが掲げた「大国ロシアの復活」は、ソ連邦の解体という国家的危機のあおりを受けて生起した教会分裂や、ソヴィエト時代の不祥事に対する批判など、さまざまな困難や負の遺産に苦しんできたロシア正教会にとっても大いに歓迎すべき国家目標であった。二〇〇〇年五月、総主教アレクシー二世は『復活祭の教書』においてプーチン大統領の勝利にエールを送った。彼は次のように述べている。「ロシア正教会の教会法上の管理領域内の国家生活も社会生活も容易ではないが、しかしそれでもよき希望を与えている。ロシアに国家権力の刷新が実現した。そしてこの権力は今日、さまざまな分野で正教会との有益な協力関係を目指している。われわれには……このような協力関係を発展させる準備がある。けだし教会は、現在わが国民が多くの困難に遭遇すればするほど、政権を保持する人々やすべての善意の人々と手に手を取って活動し、その克服に支援を与えるように努めるだろう」と。そして彼は続けて、ロシアの再生が「神が啓示された道徳的価値へと国民を立ち帰らせる」ことによってのみ達成されると強調した（『ロシア正教会通報』紙、二〇〇〇年、第七号）。

最後のロシア皇帝ニコライ二世とその家族の列聖

ロシア再生という国家的課題を双肩に担おうとする正教会の自負と姿勢は、悲劇に彩られたロシアの二〇世紀に教会自らが幕を引き、新世紀への展望を切り拓くことを決断し、断行したことにも表われている。二〇〇〇年八月に開催された高位聖職者会議、すなわち「主教会議」は、ロシア帝国最後の皇帝ニコライ二世（在位一八九四―一九一七）とその家族を含む八六〇名を、信仰のゆえに迫害の犠牲となった「致命者」あるいは「表信者」として、そして「苦難に耐えた者」として列聖することを正式に決定した。

この決定はソヴィエト時代の宗教弾圧の第一の標的となった正教会信徒を「讃栄」するためだけでなく、深く傷ついた祖国を癒し、大国ロシアの復活に向かって国民的融和と結束を図るという意図をも秘めていた。しかし、二〇世紀ロシアの数多くの犠牲者とともに、ニコライ二世一家を聖人の列に加えることの是非は、ソヴィエト共産主義体制崩壊後の一九九〇年代を通じて、ロシア正教会だけでなく、広くロシア社会の関心を集めた問題であり、強い反対意見も少なくなかった。それはいうまでもなく、ニコライ二世が決して英邁ではなく、むしろロシアを破局に導いた「暗愚」の皇帝であり、また必ずしも信仰に殉じたわけでもないというのが、一般的な認識であったからである。

市民だけでなく教会内部からも挙がった批判の声を押し切って、ロシア正教会は一九九二年に「クルチッツおよびコロムナの府主教」ユヴェナリー（ポヤルコフ）を議長とする「二〇世紀ロシアの新致命者、表信者およびその他の信仰と敬虔の苦難者を讃栄するためのシノド委員会」を設置し、八年間の調査活動を経て作成された委員会報告書を受け、「主教会議」で審議、承認した。正教会の立場からすれば、夥しい犠牲の血が流されたソヴィエト時代の二〇世紀を清算し、悲劇の歴史に幕を降ろすことなしには、ロシア国家は無論、ロシア正教会の真の復活も不可能であると考えられたのである。

ユヴェナリー委員会の報告書は、ニコライ二世家族の生涯を辿り、ツァーリ家族「致命者」への人々の祈りが数々の「奇跡」を生み出しているといった証言なども紹介しながら、列聖に反対する教会内外の世論に反駁することに努めている。「とくに多いのは、皇帝ニコライ二世とツァーリ家族致命者を描いたイコンに滲み出た聖油、芳香、そしてツァーリ家族致命者のイコンの顔に血色のしみが浮き出た奇跡についての証言である」と。そして最終的な結論を次のように下している。「一九一八年七月一七日の夜、エカチェリンブルグのイパチェフ館の地下室で銃殺されて果てたツァーリ家族が最期の一七ヵ月間に耐え忍んだ苦難のゆえに、われわれは福音書の教えを誠実に果たそうとした人々を見出す。温順、忍耐、そし

聖人の列に加えられた20世紀のロシア正教会の犠牲者を描いたイコン。中央にニコライ2世とその家族が描かれている。

て従順の心を持って幽閉地にあったツァーリ家族の苦しみのうちに、彼らの受難の死のうちに、キリスト教信仰の悪に打ち勝つ光明が……現われたのである。まさにツァーリ家族のこうした偉業に鑑み、委員会は全員一致をもって、ロシアの新致命者および表信者の列に、苦難者皇帝ニコライ二世、皇后アレクサンドラ、皇太子アレクセイ、大公女オリガ、タチヤナ、マリヤ、そしてアナスタシアを加え、讃栄することが妥当であると認める」と。主教会議はこの報告を承認し、皇帝ニコライ二世一家の列聖を決議したのであった。

「在外ロシア正教会（カルロヴィッツ派）」との和解と統合

一九九六年に起こった「エストニア正教会」に対する管轄権をめぐる「コンスタンチノープル世界総主教教会」との対立と断絶という未曾有の困難な事態の収拾に加えて、いま一つ、国外で活発な活動を繰り広げてきたロシア正教会分派との再統合も、総主教アレクシー二世時代のロシア正教会の特筆に値する業績であったといわなければならない。二〇〇七年六月、モスクワ総主教庁は「在外ロシア正教会」との間で、ロシア革命直後の一九二〇年代初頭からほぼ八〇年間にわたって続いてきた対立関係に終止符を打つことについて歴史的合意に達したと発表した。

在外ロシア正教会の存在とその執拗な挑戦は、世俗権力との関係強化に努め、社会的使命を果たすことによって「事実上の国教会」の地位を獲得し、精神的、道徳的な威信と政治的、社会的影響力を高めつつあったロシア正教会にとって、いわば喉元に突き刺さった〝トゲ〟のように苛立たせ、苦しめ続けてきた問題であった。というのは、ロシア革命という破局に遭遇して祖国を逃れることを余儀なくされた「亡命ロシア人」たちに支持されたこの教会は、一貫してモスクワ総主教教会の教会法上の合法性と正統性に異議を申し立て、その方針にことごとく反対してきたからである。

両教会の最も重大な対立点は、ロシア正教会の国家に対する姿勢、とりわけ「戦闘的無神論」イデオロギーに導かれて無慈悲に宗教を弾圧したソヴィエト共産主義国家との関係をめぐってであった。反ソヴィエトの旗幟《きし》を鮮明にし、妥協的なモスクワの正教会とは袂《たもと》を分かった在外正教会の立場に立てば、ソヴィエト国家に対して服従はおろか、いかなる譲歩も容認されるべきではなかった。それは神を裏切り、信仰を捨て去る行為以外の何ものでもなかった。他方モスクワ総主教教会からすれば、教会組織の存続を図るためには、たとえ不本意ではあっても、譲歩ないしは妥協という選択肢も認められるべきであった。

すでに本論でも述べたように、その対立は一九二七年、第一一代総主教聖チーホン（一八六五―一九二五）の死後空位となっていた総主教座を臨時代理として継承し、ロシア正教会の首座主教の地位にあった「モスクワ府主教」セルギー（一八六七―一九四四、後の第一二代総主教）がいわゆる「国家への忠誠宣言」を公表して以後、一層激化し一切の歩み寄りをも許さない敵対的な関係となった。府主教アントニー（フラポヴィツキー、一八六三―一九三六)、そして彼の後継者府主教アナスタシー(グリバノフスキー、一八七三—一九六五)に率いられたこの教会は東西冷戦体制下の一九五一年に、ベオグラード近郊のスレムスキー・カルロヴィッツに置かれていた本拠をニューヨークに移し、自らが唯一正統なロシア正教会であると主張し続けたのであった。この亡命教会はその後、国外からではなく、ロシア国内を主戦場としてモスクワ教会に戦いを挑むようになる。在外ロシア正教会は「自由正教会」を名乗って、祖国ロシアに教区を開く方針を明らかにし、積極的な宣教活動を開始した。

こうした中で、プーチン大統領の支援をも得て、総主教アレクシー二世と在外ロシア正教会首座、府主教ラウルスとの間で話し合いが続けられ、在外ロシア正教会には一定の自治権が認められる一方で、モスクワ総主教教会の監督下に入ることを内容とする「再統一協定」が締結された。二〇世紀の正教会から相続した分裂と対立という〝負の遺産〟はこうして解消され、在外ロシア正教会の挑戦は終わった。ロシア正教会は長年にわたって苦しんだこの難題から解放されたのであった。

故アレクシー二世総主教下のロシア正教会は、教会分裂の危機を克服し、一つ一つの難題解決に取り組み、教会の再生を着実に実現することに努力を傾注したのである。

ウクライナにおける正教会の動向

二〇一四年三月、プーチン大統領は国際社会の非難や反対を押し切って、ウクライナの政治的混乱に乗じてクリミア半島の占領、併合に踏み切った。この半島にある城塞都市コルスンは、かつて九八八年に「キエフ大公」ウラジーミル一世がキリスト教の洗礼を受けた、ロシアにとって聖地に等しいところとされている。ウクライナとロシアとの激しい民族対立に相まって、こうした歴史的背景もロシア国家の再生を唱えるプーチンをして強行させた要因である。

ウクライナにおける正教会が極めて複雑な様相を呈しているのも、一つには両国の歴史や根の深い対立関係にその原因がある。そもそもビザンチン帝国からキリスト教を受け入れたのは、「キエフ大公国」であった。しかしモンゴルの侵略によってキエフが滅亡すると、教会の首座はモスクワ東方の「ウラジーミル大公国」に移されることになる。さらにその後、ウラジーミルの支公国に過ぎなかったモスクワが台頭し、ロシア（ルーシ）の中心を占めるようになった結果として首座の地位を獲得したのである。その後「モスクワ総主教座」が確立し、ウクライナやベラルーシの教会はその監督下に置かれた。

しかし本論でも触れたように、ロシアとウクライナを見舞った破局的な混乱にも影響されて、この教会は分裂の危機を繰り返し経験しながら今日に至っているのである。一九九二年に起こったロシア正教会の「キエフおよびガリツィヤの府主教、ウクライナ在外総主教代理」の肩書をもつフィラレート府主教（デニセンコ）の離反は、こうした出来事の一つであった。フィラレートはウクライナの一部の聖職者と信徒の支持を獲得することに成功しただけでなく、当時のウクライナ大統領クラフチュク（在任一九九一―九四）とも親しい関係にあった。彼は、筋金入りの愛国者で反共主義者であった「キエフ府主教」ムスティスラフ・スクリプニク（一八九八―一九九三、ウクライナ総主教在位一九九〇―九三）が率いる「ウクライナ自治独立正教会（UAOC）」に接近し、奉神礼をロシア語ではなくウクライナ語で執行するなどを含めて交渉した上で、合同に関する合意に達した。一九九二年六月、ウクライナ自治独立正教会とフィラレート派との合同宗教会議が開催され、「ウクライナ正教会・キエフ総主教座（UOC・KP）」の設立と、教会首座としてムスティスラフ総主教の選出を決定した。ところが、当初は合同を受け容れていたムスティスラフは、教会法に抵触する違法な決定であるとして拒否するようになる。

こうした錯綜した状況の中で、九五歳という高齢のムスティスラフ総主教は一九九三年カナダで永眠した。ウクライナ自治独立正教会も、ウクライナ正教会・キエフ総主教座もムスティスラフを総主教として認めていた。彼の後任としてそれぞれの教会が新総主教を選出、フィラレート・デニセンコは総主教代理に指名された。一九九五年前任の総主教が死去すると、フィラレートが「ウクライナ正教会・総主教座の総主教」に選出された。

このようにウクライナでは、二人の総主教が監督する二つのウクライナ正教会と、モスクワ総主教が率いるウクライナのロシア正教会が活動し、さらにはウクライナ西部地域では

「ウニヤ教会（ギリシア・カトリック教会）」が大きな勢力を擁して存在するといった複雑な様相を呈していたのである。

しかし、その後二〇一八年一二月、ウクライナ正教会・キエフ総主教座とウクライナ自治独立正教会が統合し、新たに「ウクライナ正教会（ＯＣＵ）」が発足した。翌二〇一九年一月、「コンスタンチノープル世界総主教」から「自治独立権（Autocephaly）」が正式に承認された。フィラレート総主教は監督権を剝奪され、首座主教、「キエフおよび全ウクライナの府主教」としてエピファニー府主教が選出された。

新生ウクライナ正教会誕生の背景として、ロシアによるクリミア半島の併合や武力闘争が惹起した反ロシア感情の高まりが指摘されよう。モスクワのロシア正教会が激しく抗議するなか、ウクライナ正教会は「コンスタンチノープル世界総主教教会」との結び付きを強化するという途を選択することによって統合を実現し、自治独立教会の地位を確固たるものとしたのである。この問題を契機として、ロシア正教会と「コンスタンチノープル世界総主教教会」とは再び断絶の状態にある。今後ロシアとウクライナの正教会の関係に加えて、ウクライナにおけるモスクワ総主教監督下のロシア正教会が、どのようにその地位と活動を持続していくのか注目されるところである。

再建されたモスクワの「救世主ハリストス大聖堂」。

新総主教キリールの誕生

二〇〇九年二月一日、モスクワ川のほとりに聳《そび》える巨大な「救世主ハリストス（キリスト）大聖堂」、一九三二年にスターリンの命令によって爆破され、数十年の歳月を経て再建されたばかりのモスクワの守護聖堂に「アクシオス！（至当なり）」の声が響き渡った。前月二八〜二九日に開催されたロシア正教会公会で投票総数七〇二票のうち五〇八票を得て、第一六代「モスクワおよび全ルーシの総主教」に選出された「スモーレンスクおよびカリーニングラドの府主教」キリールの着座式が執り行なわれた。ロシア連邦大統領メドヴェージェフ（当時）と首相（当時）の地位にあったプーチンも出席し、高位聖職者、そして教区代表の司祭や信徒ともども祝福の声を挙げたのであった。

　アレクシー二世の逝去を受けて行われた新総主教選挙では、長年にわたって教会指導部の中枢にあって知名度も高く、臨時総主教代理を務めていた府主教キリールが有利と見られていた。投票の結果はキリールの人気を証明した。彼はロシア正教会の代表的な保守派指導者と目される「カルーガおよびボロフスクの府主教」で、総主教庁宗務局長（当時）を務めるクリメント（カパーリン）に大差をつけて圧勝した。大統領メドヴェージェフと首相プーチンはともに、ロシア国家と教会との協力関係が今後も維持、強化されることを期待するという内容の祝辞を送った。

新総主教キリール（俗名ウラジーミル・ミハイロヴィチ・グンジャエフ）は一九四六年、ロシア正教会司祭の家庭に生まれた。一九六五年普通教育を終えて、彼は父に倣って聖職者の道に進み、レニングラード神学校に入学、その後一九七〇年にレニングラード神学大学を優等で卒業した。一九七六年「ヴィボルグの主教」として主教職に栄進し、一九八四年「スモーレンスクおよびヴャゼムの大主教」、一九八八年「スモーレンスクおよびカリーニングラドの大主教」を経て、一九九一年「府主教」に叙聖された。その間一九七一年から七四年までジュネーブに本部が置かれた世界最大のキリスト教会再統一運動組織である「キリスト教会会議（WCC）」ロシア正教会代表、一九八九年から「モスクワ総主教庁渉外局長」、そしてロシア正教会の最高意思決定機関である「聖シノド会議」常任役員を務めた。キリール新総主教の経歴で注目すべきは、彼がローマ・カトリック教会にとどまらず、他のキリスト教諸宗派との話し合いや関係改善を推進する役職を長く務め、「教会再統一運動（エキュメニカリズム）」にも積極的に取り組む国際派と見なされていたことである。

実際、国際派キリールの片鱗はすでに青年期に顕れていた。神学大学の課程を終え、剪髪式を受けて修道司祭キリールとなったばかりの一九七〇年から七一年にかけて、彼は、次期の総主教を嘱望され、当時総主教庁渉外局長として国際舞台で華々しく活躍していた「レニングラードおよびノヴゴロドの府主教」ニコディム（ロートフ、一九二九―七八）の個人秘書を務めるという経験を持ったからである。しかし途半ばでニコディム府主教の生涯は終わった。彼は、ローマ教皇ヨハネ・パウロ二世との会見のためヴァチカン滞在中に心臓発作で不慮の死を遂げたのである。短期間であったとはいえ、当時のロシア正教会で最も代表的な改革派指導者と目されていたニコディム府主教の薫陶を受けたことが、キリールのその後の教会指導者としての歩みに少なからぬ影響を与えたことは想像に難くない。

しかし他方で、キリールの国際的な活動がロシア正教会内部に根強い影響力を保持している保守派聖職者から厳しい批判や反発を招いたことも否定できない事実である。すでに前総主教アレクシー二世が在位中の二〇〇八年、北東シベリアの「チュコートの大主教」ディオミットが、アレクシー二世とキリール府主教を含む高位聖職者に対して「アナテマ（破門）」を宣告するという衝撃的な〝事件〟が起こった。ディオミット大主教によれば、とりわけローマ・カトリック教会との和解交渉を推進したり、教会再統一運動に関与したりすることは、ロシア正教の信仰と正統性を裏切り、破壊する行為に他ならないというのである。ディオミットは破門されることもなく、高位聖職者の身分の剝奪と一修道士への降格という処分が科せられてこの騒動は収まった。教会分裂の芽は摘み取られ、危機は回避された。

ディオミット事件からも窺えるように、新総主教キリールは選挙では圧倒的な支持を得たとはいえ、教会内部の保守派勢力の存在と影響力を無視することはできない。対立候補であったクリメント府主教の意向にも配慮しなければならないであろう。彼は社会的な知名度ではキリールに劣るとはいえ、ロシア連邦議会の「宗教遺産保存委員会」の議長を務め、現政権とも良好な関係を保っているといわれている。

第16代総主教キリールの写真を表紙にデザインした日めくりカレンダー。2018年、著者がウラジオストックを訪れた際に入手したもの。

　このような対立要因を抱えたロシア正教会の総主教に就位するに当たって、キリールの発した声明に注目が集まったのは当然であった。彼はロシア正教会の統一性の維持と一致結束の重要性をとくに強く訴え、総主教としての自らの務めとして「教会の内部的な結束の擁護者、……信仰の守護者」の役割を強調した。「総主教の責務は、分裂、無秩序、そして偽教理にいたる……意見の相違の広がりを許さないことである」と（『ロシア正教会通報』紙、二〇〇九年、第三～四号）。

　キリール総主教は、保守派と革新派とを問わず、分派活動を戒め教会分裂の危機を招くことなく、必要な改革を推し進めロシア正教会の国際的な影響力を強めるという、決して容易ではない課題に取り組んでいかなければならない。前述したように、ウクライナ正教会との対立、そしてウクライナの正教会の管轄権をめぐる、本来は「母教会」に当たる「コンスタンチノープル世界総主教教会」との関係断絶は、正教世界でのロシア正教会の威信と指導力に暗い影を落としている。またローマ・カトリック教会との和解はおろか、話し合いさえもほとんど進展していないというのが実情である。ローマ教皇との会談も、府主教時代には、たとえばヨハネ・パウロ二世教皇（在位一九七八―二〇〇五）の永眠に際してヴァチカンを弔問に訪れたことや、二〇〇六年にイタリアで前教皇ベネディクト一六世（在位二〇〇五―一三）と、そして総主教としてはキューバ訪問時に現教皇フランシスコ（在位二〇一三―）と会見したことがあるとはいえ、正式の形では実現していない。ロシア正教会の立場からすれば、西ウクライナにおける「ウニヤ教会」の分離、独立をめぐって生起したローマ・カトリック教会との対立が未だ解決、払拭されていないことも、関係改善を妨げている要因であるといえよう。

いま一つプーチン政権とどのように向き合っていくかも、キリール総主教にとって必ずしも容易な課題ではないと思われる。現在、両者は蜜月の間柄といっても過言ではない。政権側は、権力の中枢である「クレムリン」内に総主教専用の〝執務室〟を設けるなどをも含めてロシア正教会に物心両面の厚意と支援を与えている。他方教会も、アレクシー二世総主教以来の「緊密なパートナーシップの関係」を維持することに努めている。こうした教会と国家、あるいは政治との癒着とも見紛う緊密な関係に対して、ロシア社会に根強い不信や批判があることも否定できない。国内外を問わず、今日のロシアが置かれている複雑かつ困難な状況において、キリール総主教は教会をどのように導いていくのか、またロシア国家の精神的、道徳的基礎としての教会に対する社会の期待にどう応えていくのか大いに注目されるところである。

学術文庫版のあとがき

学術文庫版では、旧版の文言、表記法の修正、加筆にとどめ、内容そのものには一切変更を施さなかった。ただ近年のロシア正教会の動向を概観するために、新たに補足として「新世紀を迎えたロシア正教会」を書き加えた。前総主教アレクシー二世と現総主教キリール監督下のロシア正教会が取り組み、解決を目指した諸課題に焦点を当てて、一九九〇年以降の軌跡を辿ろうとしたものである。

いま振り返ってみると、ソヴィエト体制崩壊後のロシアにあって、正教会はいろいろな問題や困難に直面したとはいえ、プーチン体制の下でその恩恵に浴して、一定の安定と繁栄を享受してきたように見える。「聖」と「俗」、すなわち教会と国家との強固な結びつきは、今日に至るまで一本の赤い糸のように続いている。その功罪がいずれそれほど遠くない将来、再び問われる時期が訪れるようにも思われるのである。

本書の講談社学術文庫での刊行に際しては、学術文庫編集部の梶慎一郎氏に大変お世話になった。梶慎一郎氏のお薦めと懇切なサポートのお蔭で、拙著が再び日の目を見ることができた。心からの謝意を表する次第である。

二〇二〇年初夏

比叡山麓のわが家にて

著　者

ロシア正教会略年譜

ロシア正教会史

八六一―八六三　聖キリロス、聖メトディオス兄弟、ブルガリア人とモラヴィア人への布教、キリール文字の誕生

九八八　キエフ大公ウラジーミルの受洗、正教を国教とする

一〇三七　キエフにソフィア寺院建立

一〇五四　ローマ教皇レオ九世の破門状、東西両教会の分裂

ロシア・世界史

九七八　ウラジーミル一世公位継承（―一〇一五）

九八〇　キエフ大公ウラジーミル（聖公）、キエフ・ルーシを支配

一〇七三　キエフ・ルーシ諸公間の「内訌」

一一六九　キエフ・ルーシの崩壊

一二〇六　チンギス・ハーン、モンゴル帝国を建国

一二二三　モンゴル軍のロシア攻撃開始

一二三七　モンゴル軍のロシア支配

一二四〇　キエフの滅亡、聖アレクサンドル・ネフスキーのネヴァ河の会戦勝利

一二四二　「氷上の戦い」でアレクサンドルの勝利

一二九九　府主教座、キエフからウラジーミルへ
一三一四—九二　ラドネジの聖セルギー
一三二六　府主教座、ウラジーミルからモスクワへ
一三八〇　モスクワ公ディミートリー・ドンスコイ、クリコーヴォ平原でモンゴル軍に勝利
一四一一　アンドレイ・ルブリョフの傑作「聖三位一体」
一四三三—一五〇八　聖ニル・ソルスキー
一四三八—四三　フェラーラ・フィレンツェ公会議
一四三九—一五一五　ヴォロコラムスクの聖ヨシフ・ヴォロツキー
一四四八　〝ロシア人〟府主教イオナの叙任
一五〇三　ロシア正教会地方公会
一五〇五　フィロフェイの「第三のローマ」
一五五一　「ストグラフ（百章）公会」

一二六三　モスクワ、ウラジーミルから分離
一三二八　モスクワ公イヴァン・カリター、「大公」の称号を許される
一三五九—八九　モスクワ公ディミートリー・ドンスコイの治世
一四五三　コンスタンチノープル陥落、東ローマ帝国滅亡
一四六二—一五〇五　イヴァン三世（大帝）
一四八〇　「モンゴル＝タタールの軛」からのロシア解放
一五〇五—三三　ヴァシリー三世
一五三三—八四　イヴァン四世（雷帝）

一五八九—一六〇五　〔1〕初代モスクワ総主教聖イオフ
一五九六　「ブレストの合同」、ウクライナ教会の分裂
一六〇六—一二　〔2〕聖エルモゲン総主教
一六一九—三三　〔3〕フィラレート総主教
一六三四—四一　〔4〕イオアサフ一世総主教
一六四二—五二　〔5〕イオシフ総主教
一六五〇—五三　教会関係国法集（ノモカノン）公布
一六五二—六六　〔6〕ニーコン総主教
一六五四　ニーコンの教会改革
一六六六　モスクワ公会、アヴァクームの破門、ニーコン総主教の廃位
一六六七—七二　〔7〕イオアサフ二世総主教
一六七二—七三　〔8〕ピチリム総主教
一六七四—九〇　〔9〕イオアキム総主教
一六九〇—一七〇〇　〔10〕アドリアン総主教
一七二一　総主教制廃止、シノド制導入

一五八四—九八　フョードル帝
一五九八　リューリク王朝断絶、ボリス・ゴドゥノフ帝（—一六〇五）
一六〇四—一三　〝大動乱（スムータ）〟
一六一三　全国会議の招集、ミハイル・ロマノフを新帝に選出（—四五）
一六四五—七六　アレクセイ帝
一六六六—七一　ステンカ・ラージンの反乱
一六八二—一七二五　ピョートル大帝
一七一二　サンクト・ペテルブルグへ遷都

一七五九—一八三三　サロフの聖セラフィム
一七六四　教会領の没収、修道院の閉鎖
一八二八—一九〇八　クロンシュタットの聖イオアン
一八六一　「東洋の亜使徒」ニコライ大主教日本布教の開始
一九一七—二五　〔11〕チーホン総主教
一九一八　「国家から教会の、教会から学校の分離について」の布告
一九二二　「五四人裁判」
一九二五　チーホン総主教の死
一九二七　総主教代理セルギーの「忠誠宣言」
一九二九　「戦闘的無神論者同盟」の発足。「宗教団体に関する法律」と内務人民委員部指令
一九四三　スターリンとロシア正教会首脳との会

一七六二—九六　エカチェリナ女帝（二世）
一八〇一—二五　アレクサンドル一世
一八一二　ナポレオン軍の侵攻
一八二五　デカブリストの乱、ニコライ一世（—五五）
一八六一　農奴解放令
一八九四—一九一七　ニコライ二世即位
一九〇四—〇五　日露戦争
一九一四—一八　第一次世界大戦
一九一七　ロシア革命、ロマノフ王朝断絶。「土地について」の布告
一九二四　レーニン死去
一九二九　第一次五ヵ年計画、農業集団化
一九四一　ナチス・ドイツ軍のソ連邦侵攻

見、「戦闘的無神論者同盟」の解散

一九四三―四四　〔12〕セルギー総主教

一九四五―七〇　〔13〕アレクシー一世総主教

一九四六　リヴォフ宗教会議、ウクライナ・ウニヤ教会のロシア正教会への併合

一九五六　フルシチョフの反宗教キャンペーン

一九七一―九〇　〔14〕ピーメン総主教

一九八八　ゴルバチョフとロシア正教会首脳との会見、ロシア正教受洗千年祭

一九八九　ロシア正教会総主教制確立四〇〇年祭、ゴルバチョフと教皇との会見、ソ連邦領内のカトリック教の自由化

一九九〇　〔15〕アレクシー二世総主教、「良心の自由と宗教団体に関する法律」の制定

一九五三　スターリン死去。フルシチョフ、ソヴィエト共産党第一書記

一九六四　フルシチョフ失脚、ブレジネフ政権の発足

一九七七　ブレジネフ憲法の制定

一九七九　ソ連邦軍のアフガニスタン侵攻

一九八〇　クリコーヴォ戦勝六〇〇年祭

一九八五　ゴルバチョフソヴィエト共産党書記長

一九八六　チェルノブイリ原子力発電所事故

一九九〇　アレクサンドル・ネフスキーの戦勝七五〇周年

「ウクライナ自治独立正教会」がムスティスラフ・スクリプニクを総主教に選出

一九九二　キエフ府主教フィラレートの離反

一九九二　コンスタンチノープル総主教バルトロメオスの呼びかけで全世界主要首座主教会議

一九九六　エストニア正教会の管轄権をめぐってコンスタンチノープル総主教教会とロシア正教会との関係断絶

一九九七　「信教の自由および宗教団体に関するロシア連邦法」の制定、発効

二〇〇〇　ロシア帝国最後の皇帝ニコライ二世とその家族、八六〇名の犠牲者の列聖

二〇〇七　「在外ロシア正教会」とモスクワ総主教教会との和解

二〇〇九　〔16〕キリール総主教

二〇一二　キリール総主教、日本訪問

二〇一九　「ウクライナ正教会」の成立

コンスタンチノープル総主教教会とロシア正教会との関係断絶

一九九一　保守派による「八月クーデタ」、ソ連邦の解体

一九九一―九九　エリツィン、ロシア連邦大統領

一九九一　ユーゴスラヴィア多民族紛争

一九九四―九六　第一次チェチェン紛争

一九九九―二〇〇九　第二次チェチェン紛争

二〇〇〇―〇八　プーチン大統領

二〇〇八　アブハジア、南オセチア紛争

二〇〇八―一二　メドヴェージェフ大統領

二〇一二　プーチン大統領

二〇一四　ロシア連邦のクリミア併合

引用・参考文献（本書で参考にしたものの中で主要な著作に限定した）

日本語文献

アーサー・ヴォイス『モスクワとロシア文化の源流』白石治朗訳、恒文社、一九八一年
N・M・ニコリスキー『ロシア教会史』宮本延治訳、恒文社、一九九〇年
F・M・ドストエーフスキイ『カラマーゾフの兄弟　上下』ドストエーフスキイ全集　12、13、米川正夫訳、河出書房新社、一九六九年
勝田吉太郎『近代ロシヤ政治思想史――西欧主義とスラヴ主義』創文社、一九六一年
セルゲイ・ウイッテ『ウイッテ伯回想記　日露戦争と露西亜革命　上』大竹博吉監訳、原書房、一九七二年
高橋保行『ギリシャ正教』講談社、一九八〇年
中村喜和『聖なるロシアを求めて――旧教徒のユートピア伝説』平凡社、一九九〇年
中村喜和編訳『ロシア中世物語集』筑摩叢書、一九七〇年
ニコライ・ベルジャエフ『ロシヤ思想史』田口貞夫訳、創文社、一九五八年
廣岡正久『ソヴィエト政治と宗教――呪縛された社会主義』未来社、一九八八年
B・O・クリュチェフスキー『ロシア史講話』一―五、八重樫喬任訳、恒文社、一九七九―八三年
フーベルト・イエディン『公会議史　ニカイアから第二ヴァティカンまで』梅津尚志・出崎澄男訳、南窓社、一九八六年
三井道郎『三井道郎回顧録（遺稿）』三井義人編、エスエイ印刷、一九八二年
メレシコフスキー『来たるべき賤民』メレシコフスキー選書Ⅶ、植野修司訳、雄渾社、一九七〇年
森安達也『キリスト教史Ⅲ――東方キリスト教』世界宗教史叢書三、山川出版社、一九七八年
『新約聖書　詩編つき』新共同訳、日本聖書協会、一九八八年

『正教要理』日本ハリストス正教会教団、一九八〇年

英語文献

A. A. Valentinov, The Assault of Heaven; The Black Book containing official and other information illustrating the struggle against all religion carried by the communist (soviet) government of Russia, Boswell Printing & Publishing Co. Ltd., London, 1925
A. Preobrazhensky, The Russian Orthodox Church; 10 th to 20 th Centuries, Progress Publishers Moscow, 1988
B. R. Bociurkiw and J. W. Strong, ed., Religion and Atheism in the U.S.S.R. and Eastern Europe, The Macmillan Press, 1975
D. V. Pospielovsky, A History of Soviet Atheism in Theory and Practice, and the Believer, vol. 1 & 2, the Macmillan Press, 1987-88
E. B. Shirley, Jr. and M. Rowe, ed., Candle in the Wind; Religion in the Soviet Union, Ethics and Public Policy Center, 1989
Ewa M. Thompson, Understanding Russia; The Holy Fool in Russian Culture, Univ. Press of America, Inc., 1987
Gerald Buss, The Bear's Hug; Christian Belief and Soviet State 1917-1986, Hodder and Stoughton Ltd., London, 1987
Gerhard Simon, Church, State and Opposition in the USSR, trans. by K. Matchett, London, 1974
Harvey Fireside, Icon and Swastika; The Russian Orthodox Church under Nazi and Soviet Control, Harvard Univ. Press, 1971

Hermann Goltz, Religion in Communist Lands, Keston College, vol. 18, No. 4, 1990
Jane Ellis, The Russian Orthodox Church; A Contemporary History, Keston College, 1988
John Dunlop, Radio Free Europe／Radio Liberty; Research Report, 1992. 3. 20
John S. Curtiss, Church and State in Russia; The Last Years of the Empire, 1900-1917, Octagon Books, 1972
Michael Bourdeaux, Patriarch and Prophets: Persecution of the Russian Orthodox Church Today, Macmillan, 1969
Nicolas Zernov, The Russians and Their Church, S.P.C.K. London, 1968
Nicolai N. Petro, ed., Christianity and Russian Culture in Soviet Society, Westview Press, 1990
Richard H. Marshall, Jr. ed., Aspects of Religion in the Soviet Union, 1917-1967, The University of Chicago Press, 1971
Robert Conquest, Religion in the U.S.S.R., Frederick A. Praeger, 1968
S. Pushkarev, V. Rusak, and G. Yakunin, Christianity and Government in Russia and the Soviet Union; Reflections on the Millennium, Westview Press, 1989
Timothy Ware, The Orthodox Church, Penguin Books, 1963
William B. Stroyen, Communist Russia and the Russian Orthodox Church; 1943-1962, The Catholic University of America Press, Inc., 1967

ロシア語文献

Лев Регельсон, Трагедия Русской Церкви 1917-1945, YMCA-press, Paris, 1977
Николай Зернов, Религиозное Возрождение России в XX веке, YMCA-press, Paris

Журнад Московской Патриархии, Издание Московской Патриархии, 1931-35, 1943-1993

Вопросы Научного Атеизма, выпуск 1〜37, Мысль, Москва, 1966-1988г. г.

Русская Православная Церковь 988-1988, Очерки, Истории, выпуск Ⅰ・Ⅱ, Издание Московской Патриархии

Поместный Собор Русской Православной Церкви 30 мая—2 июня, 1971 года, Документы, материары, хроника, Издание Московской Патриархии, 1972г.

Внешние Связи Русской Православной Церкви, Доклад Митрополита Минского и Белорусского Филарета, Председателя Отдела Внешних Церковных Сношений, стр. 98

Заявление Поместного Собора Русской Православной Церкви по Насущным Проблемам Современности, стр. 4

О Канонизации Святых в Русской Православной Церкви, Доклад Митрополита Крутицкого и Коломенского Ювеналия на Освященном Поместном Соборе Русской Православной Церкви, Посвященном 1000-летию Крещения Руси, стр. 168

Послание Поместного Собора Боголюбивым Пастырям, Честному Иночеству и Всем Верным Чадам Русской Православной Церкви, стр. 5

Тысячелетие Крещения Руси, Доклад Митрополита Киевского и Галицкого Филарета, Патриаршего Экзарха Украины, стр. 113

Устав об Управлении Русской Православной Церкви, Проект, стр. 46

Акты Святейшего Патриарха Тихона и Позднейшие Документы о Преемстве Высшей Церковной Власти 1917〜1943. Сборник в двух частях. СоставителЬ М.Е. Губонин (Москва, 1994). стр. 1064.

本書は、一九九三年に日本放送出版協会より刊行された『ロシア正教の千年――聖と俗のはざまで』に加筆し、文庫化したものです。

廣岡正久（ひろおか　まさひさ）

1940年大阪生まれ。大阪外国語大学ロシヤ語科卒業。慶應義塾大学大学院法学研究科博士課程中退。法学博士（京都大学）。京都産業大学法学部教授を経て，現在，同大名誉教授。主な著書に『ソヴィエト政治と宗教――呪縛された社会主義』『ロシアを読み解く』『ロシア・ナショナリズムの政治文化――「双頭の鷲」とイコン』『キリスト教の歴史――東方正教会・東方諸教会』ほか。

講談社学術文庫

定価はカバーに表示してあります。

ロシア正教《せいきょう》の千年《せんねん》

廣岡正久《ひろおかまさひさ》

2020年7月8日　第1刷発行
2022年8月16日　第3刷発行

発行者　鈴木章一
発行所　株式会社講談社
東京都文京区音羽 2-12-21 〒112-8001
電話　編集（03）5395-3512
販売（03）5395-4415
業務（03）5395-3615
装　幀　蟹江征治
印　刷　株式会社広済堂ネクスト
製　本　株式会社国宝社
本文データ制作　講談社デジタル製作

ISBN978-4-06-520050-6

「講談社学術文庫」の刊行に当たって

これは、学術をポケットに入れることをモットーとして生まれた文庫である。学術は少年の心を養い、成年の心を満たす。その学術がポケットにはいる形で、万人のものになることは、生涯教育をうたう現代の理想である。

こうした考え方は、学術を巨大な城のように見る世間の常識に反するかもしれない。また、一部の人たちからは、学術の権威をおとすものと非難されるかもしれない。しかし、それはいずれも学術の新しい在り方を解しないものといわざるをえない。

学術は、まず魔術への挑戦から始まった。やがて、いわゆる常識をつぎつぎに改めていった。学術の権威は、幾百年、幾千年にわたる、苦しい戦いの成果である。こうしてきずきあげられた城が、一見して近づきがたいものにうつるのは、そのためである。しかし、学術の権威を、その形の上だけで判断してはならない。その生成のあとをかえりみれば、その根は常に人々の生活の中にあった。学術が大きな力たりうるのはそのためであって、生活をはなれた学術は、どこにもない。

開かれた社会といわれる現代にとって、これはまったく自明である。生活と学術との間に、もし距離があるとすれば、何をおいてもこれを埋めねばならない。もしこの距離が形の上の迷信からきているとすれば、その迷信をうち破らねばならぬ。

学術文庫は、内外の迷信を打破し、学術のために新しい天地をひらく意図をもって生まれた。文庫という小さい形と、学術という壮大な城とが、完全に両立するためには、なおいくらかの時を必要とするであろう。しかし、学術をポケットにした社会が、人間の生活にとってより豊かな社会であることは、たしかである。そうした社会の実現のために、文庫の世界に新しいジャンルを加えることができれば幸いである。

一九七六年六月

野間省一

外国の歴史・地理

杉山正明著
興亡の世界史　モンゴル帝国と長いその後
チンギス家の「血の権威」、超域帝国の残影はユーラシア各地に継承され、二〇世紀にいたるまで各地に息づいていた！　「モンゴル時代」を人類史上最大の画期とする、日本から発信する「新たな世界史像」を提示。
2352

林　佳世子著
興亡の世界史　オスマン帝国500年の平和
中東・バルカンに長い安定を実現した大帝国。その実態は「トルコ人」による「イスラム帝国」だったのか。スルタンの下、多民族・多宗教を包みこんだメカニズムを探り、イスタンブルに花開いた文化に光をあてる。
2353

姜尚中《カンサンジュン》・玄武岩《ヒョンムアン》著
興亡の世界史　大日本・満州帝国の遺産
岸信介と朴正熙。二人は大日本帝国の「生命線」たる満州の地で権力を支える人脈を築き、戦後の日本と韓国の枠組みを作りあげた。その足跡をたどり、蜃気楼のように栄えて消えた満州国の虚実と遺産を問い直す。
2354

カルピニ、ルブルク著／護　雅夫訳
中央アジア・蒙古旅行記
一三世紀中頃、ヨーロッパから「地獄の住人」の地へとユーラシア乾燥帯を苦難と危険を道連れに歩みゆく修道士たち。モンゴル帝国で彼らは何を見、どんな宗教や風俗に触れたのか。東西交流史の一級史料。
2374

土肥恒之著
興亡の世界史　ロシア・ロマノフ王朝の大地
欧州とアジアの間で、皇帝たちは揺れ続けた。民衆の期待に応えて「よきツァーリ」たらんとしたロマノフ家の群像と、その継承国家・ソ連邦の七十四年間を描く。暗殺と謀略、テロと革命に彩られた権力のドラマ。
2386

栗田伸子・佐藤育子著
興亡の世界史　通商国家カルタゴ
前二千年紀、東地中海沿岸に次々と商業都市を建設したフェニキア人は、北アフリカにカルタゴを建国する。ローマが最も恐れた古代地中海の覇者は、歴史に何を残したか？　日本人研究者による、初の本格的通史。
2387

《講談社学術文庫　既刊より》

外国の歴史・地理

小杉 泰著
興亡の世界史 イスラーム帝国のジハード

七世紀のムハンマド以来、イスラーム共同体は後継者たちの大征服でアラビア半島の外に拡大、わずか一世紀で広大な帝国を築く。多民族、多人種、多文化の人々を包摂、宗教も融和する知恵が実現した歴史の奇跡。

2388

原 聖著
興亡の世界史 ケルトの水脈

ローマ文明やキリスト教に覆われる以前、ヨーロッパ文化の基層をなしたケルト人は、どこへ消えたのか？ 巨石遺跡からアーサー王伝説、フリーメーソン、ナチス、現代の「ケルト復興」まで「幻の民」の伝承を追う。

2389

林 俊雄著
興亡の世界史 スキタイと匈奴 遊牧の文明

前七世紀前半、カフカス・黒海北方に現れたスキタイ。前三世紀末、モンゴル高原に興った匈奴。ユーラシアの東西で草原に国家を築き、独自の文明を創出した騎馬遊牧民は、定住農耕社会にとって常に脅威だった！

2390

氣《け》賀《が》澤《さわ》保規《やすのり》著（解説・上野 誠）
則天武后

猛女、烈女、女傑、姦婦、悪女……。その女性は何者か？ 大唐帝国繁栄の礎を築いた、中国史上唯一の女帝、その冷徹にして情熱的な生涯と激動の時代を、学術的知見に基づいて平明かつ鮮やかに描き出す快著。

2395

下《しも》斗《と》米《まい》伸夫《のぶお》著
ソビエト連邦史 1917－1991

共産党が所有する国家＝ソビエト連邦の誕生と崩壊は二十世紀最大の政治事件であった。革命、権力闘争、陰謀、粛清、虐殺。新出の史資料を読み解き、社会主義国家建設という未曾有の実験の栄光と悲惨を描く。

2415

松本宣郎著
ガリラヤからローマへ 地中海世界をかえたキリスト教徒

帝国の辺境からあらわれた奇妙な集団。それがキリスト教徒だった。いかがわしく忌まわしい存在とされた彼らは迫害を乗り越え、どのようにして社会をかえていったのか。世界宗教へと飛躍する、一歩手前の物語。

2426